Mein
wunderschönes
Leben

Jan Reschke

Impressum

Titel
Mein wunderschönes Leben

Autor
Jan Reschke

Titelbildmotive
Mädchen: © Anna Ismagilova – Fotolia.com
Drohne: © pacharada – Fotolia.com

Motive im Innenteil
WLAN-Symbol: © martialred – stock.adobe.com
Zettel: © flas100 – Fotolia.com

Druck
AZ Druck und Datentechnik GmbH, Kempten, DE

Verlag an der Ruhr
Mülheim an der Ruhr
www.verlagruhr.de

PEFC-zertifiziert
Dieses Produkt
stammt aus
nachhaltig
bewirtschafteten
Wäldern und
kontrollierten Quellen
PEFC/04-31-2260   www.pefc.de

Ab 12 Jahre

© **2018 Verlag an der Ruhr,**
Wilhelmstr. 20, 45468 Mülheim an der Ruhr
Nachdruck 2024
ISBN 978-3-8346-3929-5

Begleitendes Unterrichtsmaterial:

Literatur-Kartei:
„Mein wunderschönes Leben"
Jan Reschke
Kl. 7–10, 24 S., A4

Heft: ISBN 978-3-8346-3930-1
PDF: ISBN 978-3-8346-3959-2

1 🔊

„Sie sieht einfach so krass gut aus", murmelte Luca leise. „Sieh dir ihren Körper an! Wahnsinn!" Jona saß mit offenem Mund neben ihm und starrte wortlos auf das Seeufer.

Leonie stieg langsam aus dem blauen Wasser. Sie nahm sich Zeit für jede einzelne Stufe der Treppe, die aus dem Wasser führte. Das Wasser lief ihren durchtrainierten Körper herunter. Oben angekommen, schüttelte sie ihre nassen, blonden Haare, strich sie mit beiden Händen zurück und lächelte Luca und Jona an. „Wollt ihr nicht auch mal ins Wasser? Es ist herrlich."

Luca fuhr sich verlegen durch die Haare. „Ich glaube, wir haben keine Zeit mehr. Wir haben in ein paar Stunden unser nächstes Spiel." Hilfe suchend sah er zu Jona.

„Äh, genau", ergänzte Jona, „wir sollten uns lieber noch ein wenig vorbereiten." Er kratzte sich am Arm. Dann stotterte er: „Äh, unsere Gegner, sie, sie, sie sollen extrem gut sein."

„Nerds! Das Spiel ist erst heute Abend …" Leonie lachte und schaute in den Himmel. Ihr Blick wanderte nach links. Nach rechts. Dann hatte sie die Drohne entdeckt. „Ihr wollt doch nur, dass die Leute da draußen nicht die Emoticon-Tattoos auf euren Körpern sehen." Sie winkte in die Kameras, die alles aufzeichneten und sofort ins Netz streamten.

Fragend sahen sich Luca und Jona an.

„Tattoos?"

„War nur ein Scherz", sagte Leonie lachend.

Jona grinste, zog sein T-Shirt hoch und deutete auf seinen weißen Bauch. „So ein kotzender Smiley würde sich doch da ganz gut machen, oder?"

Luca bekam sich vor Lachen kaum noch ein.

„Genau, und ich lasse mir ein Engelchen-Emoticon auf den Hintern tätowieren …"

Nun prustete auch Leonie lauthals vor Lachen. Nach einer Weile holte sie tief Luft und sagte: „Aber ihr habt schon Recht. Ich als Kapitänin sollte auch an unser nächstes Match denken." Mit einer lässigen Bewegung streifte sie ihren Kapuzenpullover über.

Jonas Augen wurden groß. „Sind das unsere neuen Team-Klamotten? Vorne und hinten nur noch ein großes ‚G'?"

„Ganz genau", antworte Leonie und drehte sich so zur Drohne, dass der Pullover bestens zu sehen war. „Für unser Team: Team G."

„Ich will auch so einen!", riefen Luca und Jona aufgeregt im selben Moment.

„Hängen schon über euren Gaming-Stühlen für später", strahlte Leonie.

Luca und Jona klatschten ein.

„Jetzt müssen wir aber wirklich los", sagte Leonie und winkte der Drohne auffordernd zu. „Wir müssen ja noch durch die Stadt zurück."

Lautlos schwebte die Drohne heran und folgte den drei Jugendlichen. In ihren Kameras spiegelte sich das tiefblaue Wasser des Sees. Der See war umgeben von saftig grünem Schilfgras, dahinter waren unscharf die Bäume des Waldes zu erkennen, der den See umschloss.

Leonie sah noch einmal auf. Das rote Blinken der Drohne verriet ihr, dass alles reibungslos übertragen wurde.

„Es ist herrlich hier", sagte Leonie auf dem Rückweg. Die Drohne surrte heran und schwebte nun direkt über ihnen. Hinter den drei Jugendlichen glänzte der See in der Sonne. Vor ihnen führte ein Waldweg durch die Bäume. „Die ganzen grünen Bäume hier im Wald, die Tiere. In der Stadt bekommt man davon ja nichts zu sehen. Aber es ist wirklich so schön hier …"

Luca und Jona nickten stumm und schauten sich die Umgebung an. Die Drohne flog ein paar Meter höher, um einen besseren Kamerawinkel zu bekommen: Tannenbäume. Vögel. Sogar ein Eichhörnchen war zu sehen. „Es wirkt alles so friedlich", durchbrach Luca die Stille.

Leonie drehte sich zu ihm um und hatte einen verwirrten Gesichtsausdruck: „Es ist alles friedlich hier. Es wirkt nicht nur so."

Etwas erschrocken über den harten Ton ihrer Stimme stammelte Luca: „Äh, ja, natürlich, es ist alles friedlich." Er blickte kurz nach oben zur Drohne, da gab ihm Leonie auch schon einen freundschaftlichen Klaps auf die Schulter. „Was meinst du, sollen wir heute Pizza essen gehen, wenn wir unser Match gewinnen?"

„Auf jeden Fall!", rief Luca.

„Dann darfst du nur nicht wieder so schlecht zielen wie beim letzten Mal", lachte Jona.

„Ich?", antwortete Luca empört. „Ich habe alles getroffen, was nicht bei drei auf den Bäumen war."

„Also, das Eichhörnchen da vorn auf dem Baum offensichtlich schon mal nicht", merkte Leonie an. Jetzt konnte sich auch Luca das Lachen nicht mehr verkneifen.

„Wenigstens kann ich ein Eichhörnchen von einer Kiste unterscheiden", entgegnete Luca. „In unserem letzten Spiel hast du gleich dreimal eine Kiste für eine Person aus dem gegneri-schen Team gehalten und panisch ins Mikrofon gerufen." Er verstellte seine Stimme: „Da vorne hab ich jemanden gesehen, geh du links, ich rechts", rief er panisch.

Leonie lachte lauthals auf und wäre dabei fast über eine dicke Baumwurzel gestolpert. Gerade rechtzeitig zog sie ihr Bein hoch und sprang über die Wurzel. „Puh, das war knapp. Nicht, dass sich noch jemand verletzt und dann für das Match ausfällt …" Sie blickte kurz zur Drohne auf und atmete tief durch.

„Seht nur, wir haben es bald geschafft. In die Stadt ist es nicht mehr weit", zeigte Leonie auf den vor ihnen liegenden Weg, der hinunter ins Tal führte.

Sie blieben kurz stehen und blickten hinab.

„Wie riesig die Stadt ist", sagte Luca ehrfürchtig, „man kann nicht sehen, wo sie aufhört."

Die Drohne flog direkt über Leonie, Luca und Jona und filmte die Stadt: Häuser. Überall Häuser. Nur hier und da mal ein Fleckchen grün. Die Autos sahen so klein aus wie Ameisen.

„Sechs Millionen Menschen sollen mittlerweile hier leben", murmelte Jona vor sich hin.

Die Drohne änderte ihre Flughöhe und streamte nun Jonas Gesicht live ins Netz. Als er es bemerkte, lächelte er in die Kamera.

2

+++News+++
Häuser der Metropole verfallen
mehr und mehr – Straßen so kaputt,
dass kaum Autos fahren

D ie Drohne surrte leise über ihnen, als sie die ersten Häuser der Stadt erreichten.
„Schaut mal, das ist eines dieser neuen Häuser, von denen ich überall gelesen habe." Leonie zeigte auf eines der Gebäude am Straßenrand. Zwei Frauen standen davor und unterhielten sich angeregt. „Sie sollen total modern sein und es soll trotzdem gar nicht teuer sein, darin zu wohnen."

Luca und Jona schauten staunend auf das Haus. „Sehr schön", sagte Jona und blieb stehen, damit die Drohne in einem guten Winkel filmen konnte.

„Überall in der Stadt werden solche Häuser gerade gebaut, das finde ich wirklich eine gute Sache", sagte Leonie in eine der vielen Kameras der Drohne und lächelte ihrem Publikum zu. „Damit niemand auf der Straße wohnen muss."

Sie zeigte auf das Haus. „Vor allem Familien sollen in diese Wohnungen einziehen." Dann schaute sie zu Luca und Jona: „Sollte ich meiner Familie vielleicht auch mal vorschlagen." Leonie lachte.

„Aber bitte erst, nachdem meine Familie in so ein Haus eingezogen ist", grinste Luca, „nicht, dass wir dann keinen Platz mehr bekommen."

„Keine Sorge, bald soll es genug für alle geben", sagte Leonie und legte ihm die Hand auf den Arm.

Langsam trotteten sie weiter. Die Drohne setzte sich ebenfalls in Bewegung und schwebte in einem kurzen Abstand vor Leonies Gesicht.

Dann sprach Leonie zu ihren Zuschauern und Zuschauerinnen: „Dass du das so gut bei dir zu Hause sehen kannst, liegt übrigens daran, dass wir eine ganz neue Drohne haben, durch die du mich gerade siehst." Sie winkte und lächelte.

„Die Drohne kann in alle Richtungen filmen und streamt alles direkt ins Netz. Ihr seid also immer und bei allem live dabei."

+++ News +++

G-Lee - eine der ersten Life-Streamerinnen,
die fast ihr gesamtes Leben
live ins Netz übertragen

Luca hatte zu Leonie aufgeschlossen und lief nun neben ihr her. „Wie viele Stunden am Tag wirst du eigentlich gefilmt, ‚G'?", fragte er, nachdem die Drohne sich auf einen kurzen Abstand genähert hatte.

Nachdenklich schaute sie in die Luft. „Wenn ich schlafe, bleibt die Drohne meist aus. So spannend ist es ja auch nicht, mir stundenlang beim Nichtstun zuzusehen." Sie zog ihre Stirn in Falten und blickte nun in die Kameras der Drohne. „Ansonsten ist sie eigentlich fast den ganzen Tag dabei."

Luca lief neben ihr, unterbrach sie aber nicht. „Wenn ich auf Toilette bin oder duschen gehe, natürlich nicht." Sie kicherte leise. „An manchen Tagen bleibt sie auch aus, damit meine Familie auch mal etwas Ruhe hat. Aber das kündige ich immer rechtzeitig an." Sie schaute wieder in die Kameras. „Heute Abend nach unserem Spiel beispielsweise wird die Drohne ausbleiben.

Aber keine Sorge, solltest du etwas Wichtiges verpassen, werde ich dir das natürlich erzählen oder es noch einmal machen und mich dabei filmen lassen." Sie streckte ihren Zeigefinger Richtung Kameras. „Du sollst ja nichts verpassen!"

„Wow", sagte Luca, „dann wirst du ja wirklich fast rund um die Uhr begleitet."

„So ist es." Leonie sah Luca nicht an, sondern sprach zur Drohne. „Ich habe ja auch schließlich nichts vor dir zu verbergen. Außerdem teile ich gern all meine Erlebnisse mit dir."

Jona lief neben ihnen und betrachtete die bunt bepflanzten Blumenkübel. Nebenbei warf er ab und zu auch einen Blick auf die Bildschirme, die an manchen Gebäuden hingen. „Schau mal, Leonie", er zeigte auf einen der Bildschirme, „da läuft gerade ein Trailer von dir." Die Drohne flog dem Haus entgegen, an dem der Bildschirm zu sehen war, und streamte den Trailer ins Netz: „24/7 on! Mach dich bereit für diesen Run!" Leonie trug im Trailer schon ihren neuen Pullover.

„Geiler Spruch", entfuhr es Jona.

Leonie kicherte verlegen. „Na ja, wie grad eben gesagt, so ganz 24/7 ist es ja nicht. Aber fast."

Sie betrachtete sich selbst im Bildschirm. Die Drohne flog weit nach oben, bis Leonie nur noch als kleiner Punkt vor dem Bildschirm zu erkennen war.

Nach einer Weile rieb sich Jona nachdenklich am Kinn: „Irgendwie finde ich das echt cool."

„Was meinst du?", fragte Leonie und sah ihn auffordernd an.

„Na, das Life-Streaming. Also, dass du dein ganzes Leben mit anderen Menschen teilst. Sie immer dabei sind. Das macht ja nicht jeder …"

„Du kannst auch Life-Streamer werden, so viele gibt es ja davon noch nicht." Leonie sah ihn schelmisch an. „Dann könntest du mir Konkurrenz machen." Sie lachte.

„Dann wird es nur schwierig, wenn wir mal gemeinsam streamen wollen", sagte er mit ernster Miene.

„Warum das denn?", fragte Leonie verwundert.

„Es gibt doch jetzt schon immer häufiger Zweier-Streams, Gruppen-Streams, Charity-Streams und so weiter, bei denen echt viele Streamer und Streamerinnen auf einmal auftauchen." Jona sagte zwei Sekunden nichts, dann prustete er: „Weil es sonst garantiert einen Drohnenunfall geben würde, wenn die beiden

versuchen würden, uns gleichzeitig zu übertragen."
Leonie lachte lauthals. „Ach, deswegen ..."
Dann wurde sie wieder ernst, sprach aber nicht
zu Jona, sondern zu ihrer Drohne, die mittlerweile wieder herangeschwebt war: „Es stimmt, so
viele von diesen Drohnen mit Rundum-Kameras
gibt es noch nicht. Wäre ja spannend, zu beobachten, was passiert, wenn gleich zwei übertragen sollen." Sie zwinkerte in die Kameras.
„Vielleicht freunden sie sich ja an."
Jona lachte. „Ich werde mal darüber nachdenken,
ob ich selbst Life-Streamer werde, aber ich
glaube, vorerst wird das nichts."
Jona schlenderte mit Leonie und Luca weiter
und dachte nach. Er wurde erst aus seinen
Gedanken gerissen, als ein silberglänzendes
Auto neben ihnen hielt. „Hey ‚G', ich habe dich
sofort erkannt!", sagte ein junges Mädchen auf
dem Beifahrersitz. Sie hatte braune Locken, die
bei jeder ihrer Bewegungen leicht wippten.
„Kannst du mir ein Autogramm geben?"
„Ja klar, gern! Wie heißt du?" Leonie holte
routiniert einen Filzstift aus ihrer Hosentasche.
„Amelie", sagte das Mädchen. Sie drehte sich
zu dem Mann, der am Steuer saß. „Wie praktisch, Papa, als hätte ich es geahnt!" Dann sah

sie Leonie wieder aufgeregt an. „Ich habe näm-
lich zufällig ein weißes T-Shirt aus deiner Kol-
lektion dabei. Da passt deine Unterschrift ja
perfekt drauf!" Sie hielt es aus dem Wagen.
„Yeah!" Leonie nahm das T-Shirt, betrachtete es
kurz und lächelte. Dann schrieb sie auf die
Vorderseite „Für Amelie" und darunter ein großes
„G" mit dem Zusatz „Streamer for life". Sie hielt
es in Richtung Drohne, die ganz nah ans Auto
geflogen war.

„Wow, meine Freundinnen werden vor Neid
platzen, wenn ich ihnen das zeige." Das Mädchen
starrte auf das T-Shirt. „Danke!"

Leonie reichte es ihr in den Wagen. „Überhaupt
kein Problem. Und grüß deine Freundinnen mal
lieb von mir, vielleicht sehen sie dich ja auch
gerade."

Das Mädchen sah auf, blickte freudig zur
Drohne und winkte. „Bis nachher, Mädels!"
Langsam setzte sich der Wagen wieder in Bewegung. Leonie winkte noch eine Weile hinterher,
dann setzten die drei ihren Weg fort.

3

„Es ist wirklich so eine schöne Gegend hier", sagte Luca, als sie um die nächste Straßenecke bogen. „Seht euch mal die Blumenkästen auf den Fensterbänken an. Sind die nicht toll bepflanzt?"

Jona nickte. „Blumen in Blau, Grün, Gelb, Orange. Es sieht hier richtig gemütlich aus." Er deutete mit dem Arm auf die umgebenden Häuser. „Und die Gebäude erst. Alles neu, alles so schön."

Doch Leonie sah nicht hin, sondern blieb stehen.

„Findest du nicht auch, ‚G'?", fragte Luca etwas lauter.

Leonie reagierte noch immer nicht. Ratlos zuckte Luca mit den Schultern und wollte gerade weitergehen. In diesem Moment setzte sich Leonie genau in die entgegengesetzte Richtung in Bewegung. Ohne ein Wort zu verlieren, stapfte Leonie los und bahnte sich einen Weg durch die Menschen, die ihr entgegenkamen.

„Äh, Leonie, alles klar?", rief Jona ihr hinterher. „Wir müssen in die andere Richtung."

Doch sie antwortete nicht und lief unbeirrt weiter. Ratlos sahen sich Jona und Luca an. Luca schüttelte den Kopf, dann trotteten sie ihr hinterher.

„Was hat sie denn jetzt schon wieder?", seufzte Jona.

„Vielleicht war sie ein wenig zu lange im See baden und hat sich den Kopf etwas verkühlt", antwortete Luca. Jona prustete vor Lachen.

„Pscht." Leonies Antwort war unmissverständlich, obwohl sie sich noch nicht einmal zu ihnen umgedreht hatte.

Sofort verstummten die beiden. Und hörten kurz darauf ein leises Wimmern aus einem Torbogen, der zu den dahinterliegenden Häusern führte.

„Leonie", flüsterte Luca, „warte mal, wir wollten doch ganz woanders hin." Luca und Jona beschleunigten ihre Schritte und liefen hinterher. „Und außerdem hörte sich das nicht gut an."

Doch Leonie beschleunigte ihren Gang noch und eilte hastig um die Ecke.

Als Luca und Jona ebenfalls den Torbogen erreicht hatten, blieben sie überrascht stehen. Vor ihnen lag eine Frau in einem Haufen Müll. Leonie kniete neben ihr. Die Frau lag auf einer alten Matratze. Um sie herum waren Kleidungs-stücke verteilt. Ebenso ein Paar Schuhe. Alte Zeitungen. Ein paar Flaschen. Pappkisten. Dosen.

Über ihnen surrte leise die Drohne und übertrug alles direkt ins Netz.

Luca rümpfte die Nase. „Hier stinkt's." Leonie riss ihren Kopf herum und starrte ihn anklagend an. Dann wandte sie sich wieder der Frau zu, die noch immer wimmerte. „Kann ich Ihnen irgendwie helfen?"

Surrend näherte sich die Drohne, um einen besseren Kamerawinkel zu bekommen.

Anscheinend hatte die Frau erst jetzt bemerkt, dass direkt vor ihr jemand kniete. Sie stützte sich auf ihren Unterarm und erhob sich ein wenig, sodass sie Leonie besser sehen konnte. Sofort änderte auch die Drohne ihre Position, um Leonie und die Frau gleichermaßen im Bild zu haben.

Die Frau sah krank aus. Tiefe Falten durchzogen ihr Gesicht. An einigen Stellen hatte sie Hautausschläge. Ihre Haare lagen fettig, aber gleichmäßig an ihrem Kopf an. Als hätte sich die Frau kurz zuvor noch gekämmt. Doch von einem Kamm oder anderen Dingen, die zur Körperpflege genutzt werden könnten, war nichts zu sehen.

Die Frau unterbrach ihr Schluchzen, wischte sich mit dem Ärmel die Nase ab und sagte mit krächzender Stimme: „Wie willst du mir schon helfen, Mädchen?"

„Ich bin kein Mädchen!", erwiderte Leonie entrüstet. Doch die alte Frau lächelte nur müde. „Wenn du so alt bist wie ich, dann darf man Mädchen zu dir sagen."

Leonie setzte zu einer Antwort an, doch beließ es dabei. „Warum haben Sie geweint?", fragte sie mit sanfter Stimme.

Die alte Frau zog ein Stück ihres dreckigen Rockes zur Seite, drehte sich um und zeigte auf den Müll um sie herum. „Na ja, Kleine. Als ich so alt war wie du, war das nicht unbedingt das, was ich mir vom Leben vorgestellt habe." Die Drohne schwebte ein wenig nach oben und filmte die zahlreichen alten Dosen, Essensreste und Pappkartons, die verstreut um die Frau herum lagen. Es klapperte und raschelte, als sich die Frau im Müll bewegte, darin herumfingerte und schließlich eine Zigarettenschachtel hochhielt, die unter einem vergammelten Stück Brot gelegen hatte. Sie schob das Brot beiseite, öffnete die Schachtel und zog verärgert die Stirn in Falten. „Schon wieder alle", murmelte sie und schmiss die Packung vor sich auf den Boden. Dann wandte sie sich wieder Leonie zu. „Ich hatte zwar nie den Traum, reich zu werden. In einer tollen Villa zu leben. Oder groß Karriere zu machen", sagte sie mit einem matten Lächeln, „aber ein bisschen mehr als ein Königreich aus Müll hätte es schon sein dürfen." Sie legte nachdenklich den Kopf in ihre Handfläche. „Vielleicht eine kleine Wohnung. Einen Mann. Eine Familie. Geregelte Arbeit." Sie hielt kurz inne. „Nichts Großes, meine ich. Eine Arbeit, mit der ich genug verdienen könnte, um mir Essen zu kaufen. Und Miete zu bezahlen."

Wie zufällig schaute sie nun zur Drohne. „Ja, das wäre etwas gewesen. Aber nun sitze ich hier." Sie wandte ihren Blick von der Drohne ab, ohne ein Wort über das fliegende Etwas zu verlieren, das über ihr schwebte.

„Außerdem habe ich Hunger, weil ich seit gestern nichts mehr gegessen habe."

Leonie blickte zu Luca und Jona, die stumm danebengestanden hatten. Die beiden verstanden sofort. Sie holten Wasser, einige schön verpackte Brote und grün glänzende Äpfel aus ihren Rucksäcken und reichten sie eilig der Frau.

„Oh, danke!", rief die Frau ebenso erstaunt wie freudig. „Die Welt kann ja doch noch ein wenig freundlich sein." Genüsslich biss sie in den saftigen Apfel. „Übrigens", nuschelte sie mit vollem Mund, „wie heißt ihr eigentlich?"

Luca sah sie unsicher an. Eine Mischung aus Neugier und Mitleid spiegelte sich auf seinem Gesicht. „Also, das", stammelte er, „also, das ist Jona." Er zeigte auf Jona und wusste nicht recht, was er sonst noch sagen sollte.

„Nun mal nicht so schüchtern", sagte die Frau schmatzend, „ich beiße nicht." Dabei fiel ihr ein Stück Apfel aus dem Mund.

Die Drohne richtete ihre Kameras wieder auf Luca. Er wirkte noch immer ein wenig eingeschüchtert. „Und das ist Leonie", sagte er mit leiser Stimme.

Die Frau sah zu Leonie. „Das ist aber ein schöner Name."

„Aber die meisten nennen sie nur ‚G-Lee' oder ‚G'!", rief Jona aufgeregt dazwischen.

„‚G'?"

„Ja", sagte er hastig, „und sie ist eine der erfolgreichsten Spielerinnen in Playerunknown's Battlegrounds!" Seine Stimme überschlug sich beinahe. „Und die erfolgreichste Life-Streamerin überhaupt."

Verwundert hob die alte Frau die Augenbrauen. „Welche Sprache sprichst du da gerade eigentlich? Playerunknown's Battlegrounds? Life-Streamerin?" Sie rieb sich die Schläfe. „Ist das so eine Art Wellness?"

Leonie lächelte verlegen. Dann sagte die Frau: „Also, ich finde Leonie schöner als ‚G'."

Jona war unschlüssig, was er darauf antworten sollte. Etwas unbeholfen sagte er dann: „Und das ist Luca." Die alte Frau nickte Luca zu.

Leonie sah kurz zur Drohne und richtete ihre Aufmerksamkeit dann wieder auf die alte Frau: „Warum ist es denn nichts geworden mit der Wohnung? Dem Mann? Der Familie?"

+++ News +++
Erste Notunterkünfte für Obdachlose werden
geschlossen +++ Zu wenig Essen für Obdachlose
löst Unruhen aus +++ Regierung will hart
gegen Gewalttätige vorgehen

„Tja", seufzte die alte Frau, „warum das mit
einer Familie nichts geworden ist, das ist eine
längere Geschichte."

Jona schaute erst nervös auf seine Uhr, dann
zu Leonie.

„Keine Sorge, Jona." Sie lächelte in die Kameras
der Drohne.

Die alte Frau bekam das gar nicht mit. Sie
kramte in einer Tüte, schmiss ein paar alte
Kleidungsstücke heraus, bis sie gefunden hatte,
was sie suchte. Ein kleines Büchlein.

„Das hier ist alles, was mir geblieben ist." Als
die Drohne näherkam, hielt die alte Frau das
zerfledderte Buch etwas unbeholfen in die
Kameras.

„Was ist das denn?", fragte Luca neugierig.

„Mein Tagebuch."

„Wollen Sie uns vielleicht erzählen, wie Sie hier
gelandet sind?", fragte Leonie.

Jona schaute auf seine Smartwatch und rollte mit den Augen.

Müde lächelte die alte Frau. „Keine Sorge, Jona, ich mache es kurz. Ich denke, es reicht, wenn ich euch ein wenig aus meinem Buch vorlese." Sie ließ die Seiten durch ihre Finger gleiten, bis sie die richtige Seite gefunden hatte. Sie räusperte sich. *„Gestern war wieder einer dieser Tage. Wie ich schon so viele hatte. Ich liege hier seit Stunden auf meinem Bett. Kann erst langsam wieder klar denken. Neben dem Bett stehen leere Flaschen. Schnaps. Aus einem Eimer stinkt es nach Erbrochenem. Den muss mir mein Mann dahingestellt haben. Alleine hätte ich das wohl nicht mehr geschafft. Wahrscheinlich hat er auch wieder bei der Arbeit für mich angerufen und gelogen. Fragen kann ich ihn nicht. Es ist Montag. Er ist selbst noch bei der Arbeit. Ich fühle mich elend. Mein Kopf. Mein ganzer Körper. Aber viel schlimmer ist mein schlechtes Gewissen ihm gegenüber. Wie lange macht er das wohl noch mit?"*

Leonie, Jona und Luca lauschten gespannt. Die alte Frau sah von ihrem Buch auf. Versuchte, zu lächeln. Doch es gelang ihr nicht. Ihre Lippen begannen, zu zittern. Eine Träne kullerte ihre Wange hinunter. „Er hat es noch ein Jahr mitgemacht." Sie sah zu Boden. „Dann war er weg. Und ich habe ihn seitdem nie mehr gesehen."

„Was ist danach passiert?", fragte Leonie.

„Kurze Zeit später war bei meiner Arbeit Schluss für mich." Sie schüttelte den Kopf. „Ich hatte ja niemanden mehr, der mich dort entschuldigen konnte. Bei meiner Arbeit hatte ich natürlich schon länger Probleme. Ich habe immer wieder Hilfsangebote bekommen, aber ich konnte mir nicht eingestehen, dass ich krank bin." Sie deutete auf ein paar leere Flaschen neben einer alten Matratze. „Mein Chef hat mich danach bei einer der offiziellen Meldestellen für Suchtkranke gemeldet und darauf hingewiesen, dass ich Hilfe benötige." Sie sah nun direkt zur Drohne. „Und die Regierung hat sich immer und immer wieder bemüht, mir zu helfen. Immer wieder stand jemand vor meiner Tür und machte mir Hilfsangebote. Doch ich schlug sie alle aus." In den Kameras der Drohne spiegelte sich ihr Gesicht. „Dann habe ich auch noch meine Wohnung verloren." Sie schüttelte ungläubig den Kopf. „Seitdem lebe ich auf der Straße."

+++News+++
Obdachlose werden in unbekannte
Lager abtransportiert - Kontaktaufnahme
bislang nicht möglich

Als die alte Frau ihre Erzählung beendet hatte,
herrschte Stille. Betreten schauten sich Luca
und Jona an. Dann platzte es aus Leonie heraus:
„Ich habe eine Idee!"
Verdutzt schauten die alte Frau, Luca und Jona
sie an. Die Drohne näherte sich ihr. Fing ihr
Gesicht ein.
„Ich habe erst gestern gelesen, dass es eine
neue Anlaufstelle für Obdachlose geben soll.
Dort gibt es warme Betten, Essen und sogar
Helfer und Helferinnen, die sich um die Pro-
bleme von Alkoholsüchtigen kümmern."
Die alte Frau blickte zu Boden. „Davon habe ich
ja noch nie etwas gehört." Unsicher sah sie zur
Drohne.
Leonie lächelte die alte Frau an. „Es soll sogar
Menschen geben, die einem nach einer erfolg-
reichen Therapie wieder zurück in den Beruf
helfen." Sie nahm die Hand der alten Frau.
„Wirklich, das soll ganz wunderbar funktionieren."

Die alte Frau schüttelte den Kopf.

Leonie ließ die Hand der alten Frau nicht los.

„Kommen Sie, wir probieren es aus. Hier ganz in der Nähe soll es auch so eine Anlaufstelle geben. Probieren Sie es doch einfach!"

Jetzt lächelte die alte Frau. „Ich habe nicht den Kopf geschüttelt, weil ich das nicht möchte." Ihr ganzer Körper zitterte. „Sondern weil ich seit Jahren so ein armseliges Leben führe und erstmals neue Hoffnung habe, nachdem mich ein kleines Mädchen im Dreck besucht."

„Ich bin kein kleines Mädchen." Jetzt lächelte auch Leonie. „Kommen Sie, wir bringen Sie dorthin. Wie ist denn Ihr Name?"

„Ich heiße Marta."

4

+ + + News + + +

Bislang größte Demonstration gegen Regierung
mit Gewalt niedergeschlagen + + + sieben Tote
+ + + Hunderte Verletzte + + + Tausende festgenommen

Leonie drehte sich noch einmal um und winkte zum Abschied. Die alte Dame stand vor der Einrichtung und winkte zurück, bis Leonie, Luca und Jona um die nächste Ecke gebogen waren. „Mann, Leonie, das fand ich super von dir!", sagte Luca bewundernd. Doch Leonie schüttelte entschieden den Kopf. „Das brauchst du nicht super zu finden." Sie drehte ihren Kopf und sprach wieder direkt in die Kameras der Drohne: „Ich habe der Frau lediglich gezeigt, wo sie Hilfe bekommen kann, mehr nicht. Die eigentlichen Menschen, denen wir danken sollten, sind diejenigen, die sich im Auftrag unserer Regierung um die Obdachlosen kümmern. Und natürlich den Menschen, die dafür gesorgt haben, dass diese Hilfe überhaupt erst möglich ist. Den Politikern und Politikerinnen, die das entschieden haben." Leonie lächelte in die Kameras der Drohne, die leise vor sich hin surrte und nun neben Luca schwirrte. „Stimmt, da hast du Recht. Trotzdem …", er machte eine kurze Pause, „andere wären vielleicht einfach weitergegangen. Die Frau würde dann noch immer da liegen."

Jona nickte zustimmend.

Leonie winkte ab. „Ach, das war doch gar nichts." Nach einer Pause ergänzte sie: „Und die Frau hat einen Namen." Sie hielt kurz inne. „Die Frau heißt Marta."

Die Drohne surrte nun etwas lauter und flog höher, ohne die drei aus dem Fokus ihrer Kameras zu verlieren.

Sie setzten ihren Weg fort. Die Häuser um sie herum wirkten im Licht der strahlenden Mittagssonne wunderschön. Die Blumen auf den Fensterbänken wogten langsam im Wind.

„Wenn ich einen Tag malen müsste, wäre er so wie heute", sagte Leonie gedankenverloren.

„Erst mal ein morgendliches Bad im See. Sich dann von der Sonne trocknen lassen. Abends noch ein Match. Perfekt." Sie schloss ihre Augen und ließ sich die Sonne ins Gesicht scheinen. Als sie Jonas Stimme hörte, öffnete sie ihre Augen wieder.

„Eben! Wir dürfen nicht vergessen, dass wir heute noch ein wichtiges Match haben", sagte Jona mit dem Blick auf seine Uhr. „Wir müssen unbedingt noch mal unsere Taktik durchsprechen." Leonie winkte ab und stöhnte. „Keinen Stress, Jona. Da haben wir noch genug Zeit für. Mach dir mal keine Sorgen, die fangen schon nicht ohne uns an." Sie zwinkerte der Drohne zu, die sich mittlerweile wieder in ihrer Nähe bewegte. Sie liefen weiter, bis sie vor einem großen Bildschirm zum Stehen kamen, der an der Seite eines Hauses prangte. Einige Leute standen wie gebannt davor.

„Wow, was ist das denn?", fragte Jona beeindruckt. „Das ist einer von diesen riesigen Plasma-Bildschirmen, die sie jetzt überall in der Stadt aufgehängt haben", antwortete Luca und betrachtete eindringlich die Werbebotschaften, die über den Bildschirm flackerten.

„Seht mal!", er deutete auf den Bildschirm. „Da wird die große Demonstration angekündigt, die heute Nachmittag stattfinden soll. Super, dass auch so etwas bekannt gegeben wird und man davon erfährt."

Die Drohne flog näher heran und richtete ihre Kameras auf den riesigen Bildschirm:

„Für Menschenrechte!"
„Für Gerechtigkeit!"
„Für alle!"

Leonie betrachtete nachdenklich den Bildschirm. „Dafür haben wir doch garantiert noch Zeit, oder Jungs?", fragte sie nach einer Weile. Jona seufzte entnervt. „Ja, haben wir wohl." Er trat von einem Bein auf das andere, „aber was um Himmels willen willst du denn da?"

Leonie kniff die Augen zusammen. „Ist das dein Ernst?" Sie schüttelte den Kopf. Die Drohne zoomte nun ganz nah an sie heran. „So etwas geht uns doch alle an." Sie deutete mit ihren Händen auf sich. „Das betrifft uns doch auch."

„Ich dachte, Demonstrationen seien etwas für Erwachsene", sagte Jona kleinlaut.

Luca schaute fragend zu Leonie, sah ihren Gesichtsausdruck und schwieg sicherheitshalber. Leonie hob den Finger. „So etwas geht uns alle an." Sie redete nun direkt zur Drohne und sprach wie ihr Lehrer in der Schule. Die Drohne zeichnete alles auf und streamte es umgehend ins Netz. „Wir sind doch auch ein Teil der Gesellschaft und wollen in einer gerechten Welt leben." Ihr Blick blieb auf die Drohne gerichtet.

„Die Menschenrechte gehen uns doch genauso an wie alle anderen Menschen." Dann drehte sie sich wieder in Richtung von Luca und Jona. „Und das Thema Gerechtigkeit betrifft uns doch nun wirklich auch." Leonie sah sie eindringlich an. „Habt ihr euch nicht vor Kurzem noch total über Cheater aufgeregt? Was das für eine Sauerei wäre?" Jona und Luca schauten verlegen zur Seite. „Aimbots, Wallhacks, Maphacks … das sind Ungerechtigkeiten im Spiel." Sie atmete tief durch. „Und auch im echten Leben gibt es Ungerechtigkeiten. Und zwar viel Schlimmere." Auffordernd nickte sie Jona und Luca zu. „Also was ist? Gehen wir jetzt hin oder nicht?"

Als hätten sie sich abgesprochen, antworteten die beiden absolut zeitgleich: „Auf jeden Fall!" Leonie lächelte. „Dann kommt. Allzu weit ist es nicht entfernt. Die Demonstration findet auf dem Staatsplatz statt."

+++ News +++

Immer mehr Demonstrationen in der ganzen
Stadt +++ Regierung geht weiterhin kompromisslos
gegen Demonstranten vor +++ Härtere Gesetze
sollen Demonstrationen verbieten

Als sich Leonie mit Jona und Luca dem Platz
näherte, beobachtete sie den Himmel. Die
Drohne flog weit über ihnen. „Geht es euch
auch so?" Leonie behielt bei ihrer Frage die
Drohne im Blick.

„Wie soll es uns denn gehen?", fragte Jona
verdutzt.

Leonie sah Jona an und lachte verlegen. Als
hätte sie bei einem geübten Dialog ihren Text
vergessen. „Sorry, ich bin wohl zu aufgeregt."
Hastig blickte sie zur Drohne, die wieder herangeflogen kam. „Aber genau das meinte ich.
Seid ihr auch immer so aufgeregt, wenn ihr zum
Staatsplatz kommt?"

Jona und Luca wirkten unschlüssig.

Als die Drohne wieder direkt vor ihr war
schwärmte Leonie: „Die riesigen Gebäude. Mit
ihren glänzenden Fenster-Fassaden. Das Drum-
herum. Die bunten Banner. Darauf diese tollen

Botschaften. Die ganzen Blumen. Die Cafés."
Ihr Arm deutete zum Platz. „Das ist einfach
wunderbar."

„Und erst die nette Musik, die dort immer läuft."
Sie hielt den Finger in die Luft und lauschte
andächtig.

„Klassik", ergänzte Luca eifrig.

„Und nicht zu vergessen, die tollen Bodenplatten
aus Marmor", sagte Jona.

Bevor sie den Platz betraten, gingen sie an
einem Wachhäuschen vorbei. Daneben befand
sich eine Schranke, die aber offen stand. Neben
dem Wachhäuschen waren Sandsäcke aufge-
schichtet. Von innen winkten ihnen durch die
gepanzerten Scheiben freundlich einige Soldaten in schwarzen Uniformen zu.

Nachdem die Soldaten auch noch einen kurzen
Blick auf die über ihnen fliegende Drohne
geworfen hatten, wandten sie sich wieder ihren
Überwachungsmonitoren zu.

Die Drohne flog nun wieder weit über Leonie,
Jona und Luca, damit sie die ganze Größe des
Platzes erfassen konnte.

Um den Platz herum standen fast ausschließlich
Gebäude der Regierung. Die Fassaden reflek-
tierten das Licht der frühen Nachmittagssonne

und tauchten den Platz in ein freundliches Licht. Von Weitem waren bereits einige Demonstrierende zu erkennen, die sich von den hellen Marmorsteinen des Bodens als dunkle Schatten abzeichneten.

Vor den Hauswänden der Regierungsgebäude standen in ebenso hellen Kästen schöne, bunte Blumen, was dem Platz ein freundliches Antlitz verlieh.

Die Drohne nahm sich viel Zeit, die Umgebung zu filmen: In den Cafés rund um den Platz saßen viele Leute. Ließen sich die Sonne ins Gesicht scheinen. Schlürften erfrischende Getränke. Und beobachteten gespannt das Treiben an einer großen Bühne, vor der sich die Demonstrierenden versammelt hatten.

Sie trugen fast alle dunkle T-Shirts, auf denen die Slogans standen, die Leonie, Luca und Jona bereits auf dem Plasma-Bildschirm gesehen hatten:

„Für Menschenrechte!"
„Für Gerechtigkeit!"
„Für alle!"

+++News+++
Regierung plant Demonstrationsverbot wegen angeblicher
Aufrufe zur Gewalt +++ Menschen demonstrieren
unvermindert weiter gegen die eingesetzte Gewalt
der Regierungstruppen

Nachdem Leonie, Jona und Luca das Wachhäuschen hinter sich gelassen hatten, näherten
sie sich den Demonstrierenden.

Die Drohne flog nun tiefer und übertrug die
Demonstration. Viele Menschen waren es nicht,
daher gab es vor der Bühne noch viel Platz. Die
Anwesenden blickten gebannt nach vorn.

Auch die Drohne konzentrierte sich nun auf
einen Mann, der auf der Bühne stand und in ein
Mikrofon brüllte. Er hatte einen roten Irokesen-
haarschnitt. Seine Jacke war an mehreren
Stellen aufgerissen. Die Hälfte seines Gesichts
wurde durch ein Tattoo verdeckt. Ihm fehlte ein
Schneidezahn und er trug ein Nietenarmband.

Leonie, Luca und Jona bahnten sich einen Weg
durch die Zuschauenden und schafften es in
kürzester Zeit bis ganz nah vor die Bühne. Von
dort aus hörten sie dem Mann zu, der offenbar
schon länger redete.

Mit krächzender Stimme rief er: „Ich habe eine Botschaft an euch: Ja, wir haben heute Schwierigkeiten. Und ja, wir werden auch in Zukunft noch Schwierigkeiten haben. Aber: Es gibt Hoffnung!" Dabei stierte er direkt in Richtung der Drohne, die Augen zu bedrohlich wirkenden Schlitzen zusammengekniffen. Als er fortfuhr, gestikulierte er zunächst wild und zeigte dann direkt auf die Kameras.

„Und diese Hoffnung trage ich in mir. Es ist die Hoffnung, dass wir uns alle gemeinsam erheben und das leben, was schon immer ein Grundsatz unserer Nation war: Dass alle Menschen gleich sind." Als er das schrie, spuckte er beinahe.

Verängstigt wichen Luca und Jona einen Schritt zurück. Leonie indes tat einen Schritt nach vorn und hob verwundert die Augenbrauen.

Als der Mann weiterredete, schüttelte sie stumm den Kopf. „Weißt du eigentlich, wie der Kerl da oben heißt?", raunte sie in Richtung Jona.

„Ganz sicher bin ich mir nicht. Glaub, sie nennen ihn Rex", murmelte Jona.

Leonie nickte gedankenverloren und konzentrierte sich wieder auf den Mann namens Rex.

„Ich glaube daran, dass alle Menschen eines

Tages miteinander an einem Tisch sitzen. Egal ob es die einfachen Arbeiter und Arbeiterinnen sind oder CEOs", plärrte der Mann in sein Mikrofon. Die übrigen Demonstrierenden standen teilnahmslos vor der Bühne. Doch der Mann schien die Leute gar nicht mehr wahrzunehmen. Hektisch lief er auf der Bühne von links nach rechts und sprach nur noch in Richtung der Drohne.

Mit offenem Mund, sichtbar geschockt, hörte Leonie ihm zu. Da die Drohne über eine Rundumsicht verfügte, streamte sie gleichzeitig ihr Gesicht aus nächster Nähe und behielt Rex ebenfalls im Fokus der Kameras. Leonies Gesichtszüge veränderten sich: Aus anfänglicher Verwunderung wurde Trotz. Sie starrte den Mann auf der Bühne wütend an.

Doch der fuhr unbeirrt fort: „Ich glaube daran, dass meine Kinder eines Tages nicht danach beurteilt werden, wie wichtig sie für die Gesellschaft sind. Sondern einzig danach, wie sie sich verhalten." Vereinzelt erntete er von einigen Demonstrierenden Zustimmung, doch die Mehrheit schwieg.

„Aber das ist doch schon längst der Fall", raunte Leonie in die sensiblen Mikrofone der Drohne.

Über ihr donnerte wieder die Stimme des Mannes: „Ich glaube daran, dass es irgendwann keine gesellschaftlichen Unterschiede mehr geben wird."

„Was für einen Quatsch erzählt der Mann da?", rief Leonie nun merklich hörbar in Richtung Drohne. „Als wenn das etwas wäre, das wir nicht längst schon erreicht hätten …"

„Ich glaube daran, dass es eine Zeit geben wird, in der alle Menschen gleich sein werden. Das ist es, wofür ich kämpfe."

„Ist er eigentlich komplett verrückt?" Nun hielt Leonie nichts mehr. Sie stürmte über eine kleine Treppe auf die Bühne. Sprang die letzten Stufen beinahe. Lief grimmig auf den sichtlich verdutzten Rex zu, der instinktiv vor ihr zurückwich. Sie lief zielstrebig weiter auf ihn zu, bis sie schließlich direkt vor ihm stand. Gesicht an Gesicht. Auge in Auge.

Und dann passierte es: Obwohl sie gut eineinhalb Köpfe kleiner als der bullige Rex war, riss sie ihm das Mikrofon aus der Hand. Die Drohne hatte das Geschehen aus nächster Nähe gefilmt. Verdutzt stand der Mann mit leeren Händen da. Er setzte an, etwas zu sagen, überlegte es sich dann aber doch anders, trat einen Schritt zurück und wartete ab, was als Nächstes passierte.

In der Menschenmenge vor der Bühne herrschte gebanntes Schweigen.

Luca und Jona staunten. Da war Leonie nun auf der Bühne. Mit einem Mikrofon in der Hand. Starrte Rex feindselig an. Den Rex, der vor einigen Momenten noch so bedrohlich gewirkt hatte. Und der nun regungslos dort stand. Eingeschüchtert. Verängstigt.

Dann wandte sich Leonie reflexartig den Menschen vor der Bühne zu. Beinahe gleichzeitig surrte die Drohne in die Höhe, um sie und die Demonstranten gleichzeitig im Bild zu haben.

„All das, was er sagt, soll doch nur dazu dienen, die Menschen zu verunsichern", rief sie ins Mikrofon. Ihr ausgestreckter Arm zeigte auf Rex. Gemurmel machte sich in der Menschenmenge breit.

Leonie riss ihren Kopf wieder herum und stierte Rex an. „Du behauptest, wir Menschen seien nicht gleich. Dass es Unterschiede zwischen Angestellten und ihren Vorgesetzten geben würde. Dass Menschen nicht die gleichen Rechte hätten."

Die Demonstrierenden hörten ihr gebannt zu.

Leonie hielt inne, holte kurz Luft. „Aber das stimmt nicht", schrie sie.

Die Drohne änderte ihre Flugbahn und befand sich nun wieder auf der Höhe der Bühne.

„Wir haben alle die gleichen Rechte", rief sie und blickte erwartungsvoll in die Menge. Als hätte sie schon lange auf diesen Moment gewartet. „Und das ist gut so!" Die Menge jubelte.

Nach einigen Sekunden fuhr sie fort: „Alle werden vollkommen gleichbehandelt. Alle! Egal, ob man angestellt oder Führungskraft ist. Alle haben die gleichen Rechte!"

Lautstarke Zustimmung aus dem Publikum. Die Drohne filmte die nickenden Köpfe. Die strahlenden Gesichter.

Abrupt wandte sich Leonie wieder Rex zu, der beinahe ängstlich zwei weitere Schritte zurückwich. Während sie sich langsam auf ihn zu bewegte, sprach sie weiter. „Und dass die Kinder hier unterschiedlich behandelt werden, je nachdem, aus welchen Verhältnissen sie stammen", sie schüttelte heftig den Kopf, „also so einen Quatsch habe ich ja noch nie gehört."

Die Menschenmenge tobte.

Nun war sie es, deren Stimme immer lauter,

aggressiver wurde. „Du willst die Menschen nur gegeneinander aufhetzen! Sie wütend machen!" Leonie schrie nun ins Mikrofon. „Sie dazu bringen, sich ohne Not gegen andere Menschen zu stellen!" Rex machte noch einen Schritt zurück.

„Dabei haben wir selten in besseren Zeiten gelebt als jetzt!"

Die Demonstrierenden jubelten ihr erneut stürmisch zu. Leonies Blick suchte die Drohne und fand sie wenige Meter neben sich. Direkt in die Kameras rief sie: „Uns ging es nie so gut wie heute! Niemand muss hungern! Ich kann mich frei bewegen! Alle haben kostenloses Internet!" Laute Jubelschreie hallten ihr erneut entgegen. „Kostenlos!", wiederholte sie. „Für alle!"

Sie wartete, bis sich die Menge beruhigt hatte, ehe sie weitersprach.

„Wir dürfen nicht leichtfertig hergeben, was wir uns über Jahre aufgebaut haben." Sie zeigte mit ihrem Finger wieder auf Rex. „Vor allem nicht durch Leute wie dich! Leute, die nur spalten! Misstrauen säen! Die Leute aufhetzen!" Tosender Applaus.

Luca und Jona waren sprachlos. Sie beobachteten, wie sich Leonie mit traumwandlerischer Sicherheit auf der Bühne bewegte. Als hätte sie noch nie etwas anderes gemacht. Als hätte sie diese Rede schon unzählige Male gehalten.

„Nicht für solche Leute wie den da, der einfach nur kaputt machen will, was hier aufgebaut wurde!" Sie hielt ihren Finger noch immer auf Rex gerichtet und machte erneut einen Schritt auf ihn zu.

Dem bulligen Mann konnte man ansehen, wie unangenehm es ihm mittlerweile auf der Bühne erging. Wie ängstlich er wirkte. Immer weiter wich er vor Leonie zurück. Wie von einer unsichtbaren Macht gezwungen. Und weiter zurück. Und weiter zurück. Trat mit seinem Fuß schließlich ins Leere. Und stürzte mit einem lauten Schrei rücklings die Bühne hinunter. Direkt in einen großen Müllcontainer, der gleich neben der Bühne stand.

Nachdem es beim Aufprall laut gescheppert hatte, streckte Rex kurze Zeit später seinen Oberkörper aus dem Container.

Zwar hatte er sich offensichtlich nicht verletzt, allerdings war er über und über mit einer schmierigen Flüssigkeit bedeckt. Bratwurstsoße. Beziehungsweise die Reste davon. Denn in der Nähe der Bühne stand eine Bratwurststation.

Die Essensreste und vor allem alte Soße waren dann im Container gelandet. Und nun auf Rex. Die Menge grölte vor Lachen. Sofort kam die Drohne herangeflogen. Zoomte ganz nah heran, um auch die kleinsten Essensreste auf Rex' Kleidung und in seinem Gesicht zu übertragen. Angeekelt und gleichzeitig peinlich berührt, schaute Rex fassungslos in die Kameras der Drohne.

Auch Leonie konnte kaum an sich halten und lachte herzlich.

„Das ist die Gerechtigkeit, die du für deinen nutzlosen Auftritt nun bekommen hast!" Die Menge brach in lautem Jubel aus. Leonie verbeugte sich und winkte ins Publikum, das nun ausschließlich fröhliche Gesichter zeigte.

Schnell flog die Drohne zu Leonie und stoppte erst kurz vor ihrem Gesicht.

Leonie sprach nun wieder direkt in die Kameras zu ihren Zuschauenden im Netz: „Lass dir von solchen Leuten nicht weismachen, dass wir unter schlechten Bedingungen leben. Das ist völliger Unsinn. Uns geht es gut. So gut wie lange nicht. Und die Zukunft wird noch besser werden."

Für ihre nächsten Worte ließ sie sich viel Zeit.

Senkte zunächst den Kopf. Hob ihn dann wieder und fuhr fort.

„Daran glaube ich. Und daran solltet ihr auch glauben." Unter dem Applaus der Menge verließ sie die Bühne.

5

+++ News +++
Erfolgreichste Life-Streamerin spricht auf Demonstration
- gigantische Einschaltquote +++ politische Agenda
der Influencerin unklar

Nachdem Leonie von der Bühne gestiegen war, hatten sie unzählige Menschen umringt und bejubelt. Lächelnd, beinahe ein wenig peinlich berührt, hatte sie die Glückwünsche zu ihrer Rede abgewunken und unzählige Fragen beantwortet.

„Das hätten doch alle gemacht", sagte sie immer wieder.

Oder: „Das war doch keine große Sache."

„Ich habe doch nur das gesagt, was alle gedacht haben."

„Irgendjemand musste diesem Rex doch mal sagen, was Sache ist."

„In dem Moment habe ich gar nicht mehr darüber nachgedacht."

„Ich musste einfach etwas tun."

„Wir dürfen uns nicht von irgendwelchen Vollpfosten einreden lassen, dass es uns schlecht geht."

Je länger sie sich mit den umstehenden Menschen unterhielt, desto strahlender wurde ihr Lächeln. Die Drohne übertrug jedes ihrer Wörter sekundenschnell und zeigte aus nächster Nähe das Geschehen.

Nach einer Weile leerte sich der Platz. Die Gemüter hatten sich beruhigt. Rex war aus dem Container gestiegen und ganz schnell verschwunden.

Nach einem Gespräch mit einem der Demonstrierenden spürte Leonie ein sanftes Zupfen an ihrem Ärmel. Sie drehte sich um und ihr Lächeln wurde noch breiter. Bevor Jona und Luca überhaupt wussten, wie ihnen geschah, hatte Leonie sie auch schon in die Arme geschlossen.

„Das war überragend", flüsterte Luca gerade so laut, dass die Mikrofone der Drohne es noch mitbekamen.

„Wirklich beeindruckend", ergänzte Jona, um dann kurz innezuhalten und auf seine Smartwatch zu schauen. „Jetzt müssen wir aber schleunigst los", drängte er, „sonst verpassen wir wirklich unser Match."

Leonie schlug ihre Hände gegen die Wangen. „Yo! Mist, stimmt! Wir müssen uns beeilen!"

Jona, Luca und Leonie rannten los. Für die

winkenden Soldaten im Wachhäuschen hatten sie kaum einen Blick übrig. Sie ließen den Platz hinter sich und bogen um die nächste Ecke.

Und anscheinend war heute ihr Glückstag: Direkt vor ihnen stand ein funkelnagelneuer Wasserstoff-Bus an der Bushaltestelle. Die Tür stand noch offen. Als der Busfahrer die drei keuchenden Jugendlichen bemerkte, winkte er sie freundlich heran.

„Keine Sorge", sagte er zu Leonie, die schwer atmend den Bus betrat. „Ich fahre schon nicht ohne euch ab." Hechelnd erreichten auch Jona und Luca den Bus.

„Wohin fahren Sie?", fragte Leonie, nachdem sie sich etwas erholt hatte und wieder sprechen konnte.

Der Busfahrer hatte einen Schnauzbart und trug eine blaue Uniform. An seinen Ärmeln glänzten goldene Streifen. Seine Augen wirkten freundlich.

„Zum Einkaufszentrum."

„Wunderbar!", rief Leonie. „Wir müssen zum Medienzentrum. Das liegt direkt neben dem Einkaufszentrum."

Freudig sah sie Jona und Luca an, die abge-kämpft hinter ihr standen. Dann zückte sie ihr Portemonnaie, um zu bezahlen.

Verwundert kniff der Busfahrer die Augenbrauen zusammen. „Was willst du denn damit?"

Leonie legte die Stirn in Falten. „Wie? Bezahlen natürlich, was denn sonst?", fragte sie.

Der Busfahrer lächelte. „Aber das kostet doch nichts."

Leonie hielt inne. „Nichts?"

„Nichts", sagte der Busfahrer. „Es gab doch einen neuen Erlass, der besagt, dass Busse und Bahnen ab sofort kostenlos sind. Hast du davon noch nichts gehört?"

Da schlug sich Luca mit der flachen Hand gegen die Stirn. „Stimmt ja! Davon hatte ich gehört." Er sah Leonie an. „Hatte ich ganz vergessen."

Leonie lächelte. „Umso besser." Sie prüfte kurz, wo die Drohne geblieben war. Direkt vor der Bustür. „Das ist wirklich eine gute Sache für die Menschen."

Sie steckte ihr Portemonnaie wieder ein und suchte sich einen Sitzplatz im strahlend weißen Bus. Nur einige Bildschirme flackerten in bunten Farben.

Im Bus saßen nur wenige Menschen. Daher fanden die drei problemlos einen Vierersitz und setzten sich. Auch die Drohne war ihnen wie selbstverständlich gefolgt. Der Busfahrer beachtete sie gar nicht, sondern schloss die Tür mit einem leisen Zischen. Auch die anderen Fahrgäste schenkten der Drohne keinerlei Beachtung. Sie schwebte an den Sitzen vorbei, bis sie sich leicht oberhalb von Leonie, Jona und Luca befand. Dann setzte sich der Bus in Bewegung.

+++News+++

Influencerin ‚G' löst riesigen Shitstorm gegen kommende Demonstrationen aus +++ Online-Plattformen von Protestierenden werden heftig attackiert und teils lahmgelegt

„Da haben wir aber Glück gehabt", freute sich Luca, nachdem sich der Bus in Bewegung gesetzt hatte. „Dann schaffen wir es ja gerade noch pünktlich zu unserem Match."
Die Drohne surrte leise neben ihnen.
„Wenn das weiter so gut läuft wie der restliche Tag heute, kann uns ja nichts mehr passieren", lachte Leonie.
Jona starrte auf sein Smartphone und wischte immer hektischer über das Display. Leonie schaute sich das eine Weile an, dann fragte sie:

„Was ist denn los? Wenn du weiter so auf deinem Smartphone herumdrückst, kommt das Display gleich auf der Rückseite wieder raus." Luca lachte laut auf.

Jona blickte auf und hatte anscheinend gar nicht mitbekommen, dass Leonie mit ihm gesprochen hatte. „Es ist wirklich auf allen Kanälen", sagte er erstaunt.

„Was meinst du?", fragte Leonie.

„Na, dein Auftritt bei der Demonstration gerade eben." Er hielt ihnen das Smartphone hin. Die Drohne zoomte heran. Es liefen Bilder der Demonstration. Rex war zu sehen. Sein Sturz. Leonie.

„Na, das ging aber schnell", sagte Luca. „Und jetzt läuft es auch schon hier im Bus." Er deutete auf einen der Bildschirme.

Jona starrte weiter auf sein Smartphone. „Die Kommentare hören gar nicht mehr auf. So viele Likes habe ich zuletzt gesehen, als die Regierung den neuesten Staatsfeiertag eingeführt hat." Neugierig nahm Leonie sein Smartphone und wischte über das Display. „Wahnsinn, das hat offenbar wirklich ein paar Leute interessiert." Sie wischte entzückt weiter und gab es ihm schließlich zurück. Dann starrte sie gebannt auf einen der Bildschirme im Bus. „Jetzt kommen sogar schon erste Eilmeldungen auf den Nachrichtenkanälen", murmelte sie vor sich hin. „Da bin ich aber froh, dass ich so viel Zustimmung bekomme." Sie starrte weiter auf den Bildschirm im Bus. „Solchen Vollpfosten wie diesem Rex muss man sich einfach in den Weg stellen."

Sie löste ihren Blick vom Bildschirm und sah Jona und Luca an. Ihre Stimme klang nun äußerst eindringlich: „Schaut euch doch mal um hier. Alles ist neu. Alles läuft wunderbar. Und dann will so jemand den Leuten einreden, dass es uns schlecht geht und wir unbedingt Veränderungen brauchen. So ein Quatsch."

Sie schüttelte den Kopf. Leonie sah zur Drohne und sagte: „Finde ich super, dass du mich so unterstützt und zeigst, dass dir dieses Thema auch wichtig ist." Die Drohne kam etwas näher. „Denn mit jedem Like und jedem Kommentar zeigst du, wie engagiert du politisch bist und wie wichtig dir die Gesellschaft ist. Dafür brauchst du noch nicht mal auf die Straße zu gehen, so wie die Leute heute. Du bist auch so auf dem richtigen Weg."

Leonie lehnte sich gemütlich in ihren Sitz und sah aus dem Fenster. Die Drohne schwebte bis direkt vor die Scheibe, um die vorbeiziehende Umgebung ins Netz zu streamen.

Langsam dämmerte es draußen. Die Straßen waren aber hell erleuchtet. Im Schein der Straßenlaternen sahen die Häuser einladend und gemütlich aus. Aus den Fenstern drang Licht. Menschen waren in den Häusern aber nicht erkennbar.

Der Bus kam schnell voran. Nicht eine einzige Ampel stand auf Rot. Nur ganz wenige Autos waren auf den Straßen.

Bis zum Einkaufszentrum gab es nur noch eine weitere Haltestelle. Der Bus fuhr ganz vorsichtig an die Haltestellte heran.

Durch die aufklappende Tür stieg ein weiß gekleideter Mann zu. Nach einem kurzen Wortwechsel nickte der Busfahrer freundlich und der

Mann suchte sich einen Platz. Als er an Leonie vorbeikam, zwinkerte er ihr zu und setzte sich ein paar Reihen hinter sie.

Jona und Luca hatten den Mann gar nicht bemerkt, sie sahen sich „Let's Plays" ihrer kommenden gegnerischen Mannschaften an und sprachen über die richtige Taktik. Leonie blickte wieder gedankenverloren aus dem Fenster.

Die Drohne hatte sich in der Zwischenzeit keinen Zentimeter von der Stelle entfernt.

Der Bus setzte sich wieder in Bewegung. Nach einer Weile wurden die Lichter draußen bunter. Beinahe grell. Die Drohne veränderte ihre Position leicht und filmte nun blinkende Neonlichter, die oberhalb der Eingänge zahlreicher Gebäude prangten. Der Bus fuhr nun ganz langsam.

Jona riss sich von seinem Smartphone los und sah nun ebenfalls aus dem Fenster. „Dann müssten wir ja gleich da sein", sagte er. Fast im gleichen Moment hielt der Bus mit einem Ruck. „Endstation Einkaufszentrum", tönte eine freundliche Frauenstimme aus den Lautsprechern.

Langsam erhoben sich die wenigen Fahrgäste und stiegen aus. Leonie winkte dem Busfahrer und bedankte sich noch einmal. Dann traten sie hinaus.

„Wow", sagte Leonie, nachdem der Bus abgefahren war. Sie standen vor dem neu fertiggestellten, riesigen Einkaufszentrum und bewunderten die bunten, sich bewegenden Scheiben.

Die Drohne brachte sich in Position und streamte einen Teil der riesigen Front des Gebäudes: Modegeschäfte. VR-Spielhallen. Holo-Games. KI-Restaurants. Stream-Lounges. Smart-Cafés. Rent-a-friend-Bars.

Die Drohne fokussierte sich auf die Schaufenster der Geschäfte. Dort gingen scheinbar unzählige Menschen ihren Beschäftigungen nach. Auch Leonie, Luca und Jona betrachteten das Treiben aufmerksam. Nach einer Weile schienen sich die Bewegungen der Menschen zu wiederholen.

„Sind das diese neuen Hologramm-Glasscheiben?", fragte Luca staunend. „Sieht ja abgefahren aus."

„Davon habe ich auch gehört. Das müssen sie sein", sagte Jona, „habe ich aber vorher auch noch nie gesehen."

„Darauf soll man alle möglichen Dinge zeigen können", erklärte Luca. „Sogar Filme soll man darauf abspielen können."

„Man könnte also dich zeigen, wie du auf dem Klo sitzt und mit deinem Smartphone spielst", mischte sich Leonie ein. Luca wurde rot und schaute ärgerlich zu Leonie. Jona konnte sich vor Lachen kaum halten und kippte fast vom Bordstein. Sofort war die Drohne von der Scheibe weggeflogen und hatte die drei wieder gefilmt.

„Ah, vielleicht hat er sich da auch seine Spider-App geholt", prustete Jona. Jetzt konnte sich auch Luca ein Lachen nicht mehr verkneifen. Sie witzelten noch ein wenig weiter. Dann wechselte das Bild vor ihnen erneut. Augenblicklich veränderten sich sämtliche Hologramm-Scheiben und verschmolzen zu einem großen Bildschirm: Der Staatsplatz wurde gezeigt. Daneben wurde eine Nachrichtensprecherin eingeblendet. Sie trug ein rosafarbenes Kleid und las einen Text vor. Nach wenigen Sekunden wurde Rex eingeblendet. Dann stürmte Leonie auf die Bühne, riss ihm das Mikrofon aus der Hand und sprach zu ihrem Publikum. Der Beitrag schloss mit dem Fall von Rex von der Bühne.

„Wow, jetzt bist du echt noch berühmter", sagte Jona.

Leonie winkte ab. „Ach, das war doch gar nichts." Dann sah sie zu Boden, als wollte sie ihren Auftritt nicht noch einmal sehen. „Kommt, wir machen uns auf den Weg. Das Medienzentrum ist ja gleich da vorn."

Sie setzten sich in Bewegung und stellten nach wenigen Metern fest, dass die Scheiben sich an genau den Stellen veränderten, an denen sie vorbeiliefen, der Rest des riesigen Bildschirms jedoch nicht.

In den Fenstern, an denen Leonie, Luca und Jona vorbeikamen, liefen Werbespots.

Die Drohne hielt sich nun hinter den dreien auf, um die Hologramm-Scheiben besser ins Bild zu bekommen.

In einem Werbespot wurden ein Mann und Frau gezeigt, die an einem Strand lagen. Weißer Sand. Blaues Meer. Palmen, die sich im Hintergrund in sanftem Wind wiegten. Dann sagte ein Sprecher über kleine, in der Wand eingelassene Lautsprecher: „Sichern Sie sich jetzt Ihre Last-Minute-Reise in der virtuellen Realität. Besonders günstige Preise für Ihre Sorglos-Reise!"

Leonie lachte und sah zu Jona und Luca.

„Schon was vor morgen?" Die beiden kicherten und richteten ihren Blick wieder auf die Hologramme.

Ein Baby war in einem Kinderbett zu sehen. Es strampelte. Und kurz darauf begann es, herzzerreißend zu weinen. Nur den Bruchteil einer Sekunde später ertönte aus einem kleinen Lautsprecher neben dem Baby eine sanfte Frauenstimme und redete beruhigend auf das Baby ein. Das Kissen, auf dem das Kind lag, begann, sich langsam zu bewegen. Die Schreie des Kindes ließen erst nach, verstummten dann ganz, ehe zuletzt ein kleiner Metallarm, der am Bett befestigt war, einen Schnuller in den Mund des Kindes steckte. Schlafmusik ging an. Und nur Sekunden später schlief das Baby: „BabyCare! Die innovative Lösung, um auch bei Ihrem Kind zu sein, wenn Sie gerade mal nicht zu Hause sind. Sie sind allzeit verbunden über ein Sprachmodul und können zudem die vielen Funktionen des Bettes bequem von Ihrem Smartphone aus bedienen. Seien Sie für Ihr Kind da!"

Luca drehte sich zu Leonie. „Schon irgendwie praktisch, oder?"

Leonie zögerte kurz. „Na ja, ich kann das noch nicht so richtig beurteilen, aber prinzipiell natürlich schon. Stell dir vor, wir würden mal wieder eine VR-Tour machen und dein Kind schreit. Du müsstest die VR noch nicht einmal verlassen, sondern könntest über dein eingeblendetes Display direkt das Bett steuern. Ist doch super." Jona und Luca nickten.

„Aber übers Kinderkriegen hast du ja aktuell auch noch nicht so viel nachgedacht, oder?", lachte Leonie lauthals. Luca schüttelte energisch den Kopf.

Leonie schaute auf ihre Smartwatch.

„So, jetzt sollten wir aber los! Nicht, dass wir wirklich noch zu spät zum Spiel kommen."

Die Drohne surrte in die Höhe und streamte nun von oben. Ganz in der Nähe des Einkaufszentrums befand sich das Medienzentrum.

Ein silbern schimmernder Glasturm. Sämtliche Büros waren hell erleuchtet. Zahlreiche Menschen waren hinter den Scheiben zu sehen. Fast alle trugen dunkle Anzüge. Die Männer ebenso wie die Frauen. Für die einzige farbliche Veränderung in den Büros sorgten einige künstliche Pflanzen.

Die Drohne näherte sich einer der oberen Etagen und filmte das Geschehen durch die Fenster. Niemand der Angestellten beachtete die Drohne, denn fast alle Blicke waren auf einen riesigen Wandbildschirm gerichtet, auf dem

Nachrichten flackerten. Auch hier waren nach kurzer Zeit wieder die Bilder von Leonies Auftritt bei der Demonstration zu sehen.

Die Schreibtische standen so, dass niemand, der auf seinem Stuhl saß, aus dem Fenster schauen konnte, sondern stets den Bildschirm im Blick hatte. Auf jedem Schreibtisch leuchtete dabei noch einmal ein Bildschirm, auf dem in einem kleinen Fenster das Bild des großen Bildschirms übertragen wurde.

Die Drohne stieg noch einen halben Meter in die Höhe und konzentrierte sich nun auf die Angestellten.

Während sie auf den Wandbildschirm schauten, machten sie sich Notizen auf Notebooks oder Tablets. Manche Angestellte sprachen mit kleinen Hologrammen, die bei Anrufen vor ihren Bildschirmen aufploppten. Nur untereinander unterhielten sie sich nicht.

Die Drohne streamte noch einige Sekunden aus dem Büro und ließ sich dann bis knapp über den Köpfen von Leonie, Luca und Jona absinken, die aufgeregt über das bevorstehende Match diskutierten.

„Ich finde unser neues Stadion-Studio echt krass", sagte Jona sichtlich beeindruckt.

„300 Leute auf einmal, die uns zujubeln. Das Ganze im 19. Stock, Hammer."

„Man kommt sich ja vor wie ein Superstar, wenn die ganzen Scheinwerfer auf uns gerichtet sind."

Leonie räusperte sich. „Wir sind Superstars. Unsere Spiele verfolgen Millionen Zuschauer und Zuschauerinnen."

Luca nickte nachdenklich. „Yo, das stimmt."

Zu Jona gerichtet, sagte Leonie: „Aber du hast schon Recht, das neue Studio ist echt der Hammer." Nun sprach sie wieder zur Drohne. „Unser Publikum im Studio kann über die Bildschirme im Studio sogar direkt Zeitlupen sehen und die verschiedenen Kameraperspektiven der Spielenden verfolgen. Aber für uns ist ganz wichtig: Das pusht echt extrem, wenn die Leute uns beim Match live zujubeln und wir das in unsere Glaskabinen übertragen bekommen." Sie drehte sich zu Jona und Luca.

„Findet ihr nicht?"

„Auf jeden Fall!", rief Jona.

Dann betraten die drei durch eine gläserne Drehtür das Medienzentrum und standen anschließend in der riesigen Empfangshalle.

6

Die Drohne hatte sich hinter Leonie, Jona und Luca durch die Drehtür bewegt und stieg anschließend schnell auf, um die gigantischen Dimensionen der Empfangshalle zu erfassen.

In weiter Höhe konnte man durch das gläserne Dach den Abendhimmel erkennen. Sämtliche Büros liefen kreisförmig um die Freifläche in der Mitte. Gläserne Aufzüge rauschten links und rechts herauf und herunter. Darin wurden etliche Menschen in schwarzen Anzügen befördert.

An einigen Stellen waren Lampenkonstruktionen angebracht. Sie sahen aus wie etliche aneinandergereihte Glasbläschen und verströmten helles Licht. Die Drohne stieg noch ein wenig, bis sie sich fast unter der Kuppel des Gebäudes befand. Dann glitt sie wieder hinab.

Als hätte Leonie diesen Moment abgepasst,

setzte sie sich in Bewegung und ging auf eine ebenso strahlend weiß leuchtende Rezeption zu. Dort angekommen, lehnte sie sich auf die Theke, sodass ihre Füße in der Luft baumelten. „N'Abend, eure Majestät!", sagte sie kurz und knapp.

Ein junger Mann hinter der Theke mit zurück-gegelten Haaren drehte sich um, erkannte sie und lächelte. „Hallo, Leonie!" Er legte ein Tablet beiseite und kam näher.

„Bin ich jetzt schon ein König, oder wie?"
Er lachte.

„Na klar! Wer wird denn hier in dem Gebäude sonst so oft nach etwas gefragt wie du? Und jeder Anruf landet bei dir. Und wenn sonst irgendetwas ist, kommen auch alle Leute zu dir. Königen geht es genauso!" Leonie lächelte ihn an.

„Ah, verstehe", der Rezeptionist lächelte. „Ja, wenn das so ist, dann befehle ich dir, dein Match gleich zu gewinnen! Ich setze auf euch!" Er klatschte aufgeregt in die Hände.

Mittlerweile waren auch Luca und Jona zur Rezeption gekommen.

„Wird aber schwer heute", antwortete Leonie und ließ sich wieder auf ihre Füße plumpsen. „Die

gegnerische Mannschaft heute kann schon was."
Der Mann winkte ab. „Ach, ihr macht das schon.
Ihr habt es drauf und seid einfach die besten!"
Etwas verschämt blickte Leonie zur Seite und
murmelte: „Hoffen wir mal, dass das so bleibt."
Sie tippelte mit ihren Fingern auf der Theke als
wäre dort eine Tastatur angebracht.
„Ich wünsche euch auf jeden Fall viel Erfolg!"
Der Mann nahm sein Tablet wieder in die Hand.
„Ihr wisst ja, wo es langgeht."
Leonie salutierte lachend und setzte sich mit
Luca und Jona in Bewegung. Die Drohne folgte
ihnen.
Sie gingen zu einem der gläsernen Aufzüge,
aus dem gerade einige Menschen mit ernsten
Gesichtsausdrücken ausgestiegen waren. Die
meisten beachteten sie nicht weiter. Allerdings
nickten Leonie ab und an ein paar Leute zu. Sie
nickte lächelnd zurück und betrat schließlich
mit Luca und Jona den Aufzug.
Die gläserne Tür des Aufzugs war im Begriff,
sich zu schließen, da sagte Leonie hastig:
„Moment noch!"
Die Drohne rauschte ebenfalls leise in den
Fahrstuhl. Fragend schaute Jona zu Leonie.
Sie zwinkerte ihm zu und sagte: „Die Leute

sollen ja schließlich nichts verpassen."

Eine weibliche Stimme ertönte, die beinahe menschlich erklang: „Wohin möchten Sie?"

„Ins Stadion-Studio", antwortete Leonie.

„Sehr gern", klang es sanft aus den unsichtbaren Lautsprechern. „Und viel Erfolg, Leonie."

Jona musste lachen.

„Was hast du denn?", fragte Leonie verwirrt.

„Jetzt bist du schon so bekannt, dass dich sogar der Aufzug kennt", prustete Jona.

„Hallo, Jona, jetzt habe ich deine Stimme auch erkannt. Dir natürlich auch viel Erfolg", sagte die Stimme. Jetzt mussten alle lachen.

Der Aufzug hatte sich ohne einen Ruck in Bewegung gesetzt und fuhr schnell nach oben. Durch die Glasscheiben konnte die Drohne die vorbeirauschenden Etagen filmen.

Die Menschen auf dem zentralen Platz in der Mitte des Gebäudes wurden kleiner, das Glasdach rückte immer näher. Schließlich verlangsamte der Aufzug seine Fahrt und hielt kurz unter dem Dach.

„Stadion-Studio. Ich hoffe, ihr hattet eine gute Fahrt."

Leonie lachte. „Hatten wir. Besten Dank, Frau Fahrstuhl."

Sie ging durch die offene Tür und betrat einen

grell leuchtenden Teppich. „Finde ich jedes Mal wieder krass, dieses leuchtende Ding, das sich auch noch zu bewegen scheint." Jona und Luca folgten ihr, zuletzt kam auch die Drohne angeflogen. Neongelbe und rote Farbtöne vermischten sich auf dem Boden vor ihnen.

Leonie ging auf einen Mann und eine Frau zu, die offenbar auf sie warteten. Die Frau trug einen dunklen Rock, der bis kurz unterhalb ihrer Knie reichte. Ihre ebenfalls dunklen Schuhe hatten einen hohen Absatz, weswegen sie sehr groß wirkte. Über dem Rock trug sie ein gräuliches Hemd. Ein kleines Namensschild war darauf angebracht: „Junior Special Live-Managerin Yilmaz".

Der Mann trug einen eleganten Anzug. Nicht eine Falte war darauf zu sehen. Seine Haare hatte er mit einer großen Masse Gel zurückgekämmt. Auf seinem Namensschild stand „Special Live-Manager Schmidt".

Nervös wedelte der Mann mit einem Tablet, das er in der Hand hielt. „Hallo zusammen! Gut, dass ihr da seid, wir haben nicht mehr viel Zeit. Die Zuschauenden warten schon auf ihren Plätzen und sie sind in bester Stimmung."

Leonie nahm ihm, ohne zu fragen, das Tablet

aus der Hand, studierte es kurz und drückte es ihm wieder in die Hand. „Ausverkauft. Perfekt."

„Nächstes Mal wäre es gut, wenn ihr nicht ganz so kurz vor dem Match kommen würdet", sagte Junior Special Live-Managerin Yilmaz aufgeregt zu Leonie.

Leonie hob achselzuckend die Schultern. „Nur nicht nervös werden, Yilmaz. Wir sind doch pünktlich, oder? Und falls wir Verspätung haben, sehen es die Leute über meinen Stream ja auch direkt."

„Wer aber nur den Spiele-Stream abonniert hat, sieht es nicht." Die Stimme von Frau Yilmaz klang tadelnd.

„Na ja", sagte Leonie ruhig, „wir hatten halt viel zu tun heute", und warf Jona und Luca einen wissenden Blick zu.

Dann setzten sie sich in Bewegung und liefen auf eine große Schwingtür zu, über der eine dicke, rote Lampe angebracht war.

+++News+++
Medienzentrum wurde schon in der
Vergangenheit als Ort zur
Propaganda-Erstellung genutzt

Bevor Leonie, Luca und Jona durch die Tür traten, besprachen sich Frau Yilmaz und Herr Schmidt. Sie sahen auf ihre Smartwatches und verglichen sie kurz. „In zwei Minuten sind wir so weit", sagte Special Live-Manager Schmidt. „Dann werdet ihr nicht mehr nur durch eure Drohne gefilmt, sondern auch die Kameras im Stadion werden alles übertragen und an diverse Livestreams schicken."

„Also, alles wie immer", lachte Leonie. „Nur nicht nervös werden, Schmidtchen." Sie tätschelte seinen Arm.

Dann wandte sie sich an Luca und Jona. „Wir haben alles besprochen, oder?"

„Jupp", murmelte Jona gedankenverloren vor sich hin.

„Du wirkst aber auch nicht sonderlich entspannt."

Jona schaute auf. „Na ja, so ganz einfach ist das auch nicht mal eben gemacht. Da schauen uns gleich ein paar Hundert Leute live beim Spielen zu. Und das Spielen ist ja so schon nicht die einfachste Aufgabe. Ach ja, und dann verfolgen uns auch noch ein paar Millionen Leute live im Netz."

Jetzt musste er lachen. „Also ein Kinderspiel."

Die Drohne surrte heran und filmte, wie Leonie ihn kurz umarmte. „Wird schon klappen." Sie hielt ihren ausgestreckten Daumen in Richtung Kamera. „Wie immer."

Special Live-Manager Schmidt unterbrach sie hektisch: „Achtung, es geht los."

Leonie seufzte. „Ach, Schmidtchen, wird schon alles gut gehen."

Special Live-Manager Schmidt schaute noch einmal auf seine Smartwatch. „Wir starten in zehn, neun, acht, sieben, sechs, fünf, vier, drei, zwei, eins und go!"

Die Türen schwangen auf und Leonie, Luca und Jona betraten das Studio. Direkt hinter den dreien flog die Drohne.

Grelles Scheinwerferlicht empfing sie. Der Rest des Raumes lag in völliger Dunkelheit.

Das Publikum jubelte lautstark. Anfeuerungsrufe ertönten. Vereinzelt konnte man Stimmen heraushören, die die Namen von Leonie, Jona und Luca riefen.

Im Dunkel vor ihnen waren die Umrisse einer steilen Tribüne zu erkennen, doch die auf Leonie, Luca und Jona gerichteten Scheinwerfer blendeten so stark, dass sie das Publikum nicht erkennen konnten. Sie verbeugten sich vor der Tribüne und winkten.

Eine dröhnende Stimme ertönte: „Welcome, Team ‚G'! The world is watching you!" Wieder lautstarker Jubel.

Sie ließen sich noch ein wenig vom Publikum feiern. Dann drehten sie sich um und gingen unter tosendem Applaus zu ihren drei gläsernen Spielerkabinen.

Leonie, Luca und Jona stiegen die steilen Stufen empor, öffneten die Glastüren und betraten ihre Kabinen.

Darin standen ihre Rechner mit einem großen „G" an der einen Seite. Die andere Seite legte durch eine Glasscheibe das Innere der Computer frei. Die Rechner blinkten im Inneren in etlichen Farben: Rot. Grün. Blau. Gelb.

Auf den Stühlen von Jona und Luca hing, wie von Leonie angekündigt, der neue Teampullover. Jona streifte sich ihn über, schaute kurz zu Leonie und reckte den Daumen. Headsets lagen bereit. Mäuse und Tastaturen ebenfalls.

Nachdem sich Leonie gesetzt hatte, prüfte sie intensiv ihre Maus, wischte noch einmal mit der Hand über die Rückseite und lächelte Richtung Publikum.

Die Drohne schwirrte zwischen den Glaskabinen von ihr und ihren beiden Teamgefährten hin und her.

„Noch eine Minute bis zum Start!", rief der Sprecher im Stadion-Studio, dessen Stimme alles übertönte. „Feuert unser Team noch einmal richtig an!" Das Publikum reagierte sofort. Die Lautstärke war kaum auszuhalten. Leonie, die in der Spielerkabine in der Mitte saß, drehte sich zunächst zu Luca und nickte ihm zu. Nachdem Luca ebenfalls genickt hatte, drehte sie sich zu Jona und nickte auch ihm zu. Jona schaute konzentriert und angespannt zu ihr und nickte schließlich ebenfalls.

Auf ihren Bildschirmen blinkte in roter Schrift auf schwarzem Grund ein Countdown: „10, 9, 8, 7, 6, 5, 4, 3, 2, 1, go!"

Das Publikum, das sämtliche Bildschirme parallel auf einer riesigen Leinwand hinter den Spielerkabinen verfolgen konnte, zählte den Countdown lautstark mit herunter. Als der Countdown bei „Go!" angelangt war, hallten wilde Anfeuerungen durch das Studio. Doch unter ihren Headsets waren Leonie, Luca und Jona hochkonzentriert und starrten nun ausschließlich auf ihre Bildschirme. Die Anspannung war ihnen anzusehen.

Die Drohne filmte gleichzeitig die Leinwand und wechselte ihre Position immer wieder zwischen den drei Kabinen: Auf Leonies Bildschirm war ein Flugzeug zu sehen, nur Sekunden später stürzte sich ihre Spielfigur heraus. Auf ihrem Rücken hatte sie einen Fallschirm. Unter ihr breitete sich eine große Insel aus. Um sie herum erkannte sie noch weitere Personen mit Fallschirm. Gemeinsam mit Luca und Jona raste sie auf die Landschaft zu. „Wir müssen uns zunächst von den anderen fernhalten", rief sie ihren Teamkollegen durch das Mikrofon ihres Headsets zu. Sie korrigierten ihren Kurs von den anderen Fallschirmspringern und -springerinnen weg.

Die Insel rückte näher und näher. „Jetzt!", brüllte Leonie in ihr Mikro. Augenblicklich öffneten sich ihre Fallschirme.

Sie landeten neben einem kleinen Haus. Nach einer kurzen 360-Grad-Umdrehung waren sie sicher: Niemand hatte sie gesehen.

Ohne Zeit zu verlieren, rannten sie ins Haus. In dem spärlich eingerichteten Gebäude durchsuchten sie sofort die Räume. Die Möbel waren umgeworfen. Die Schränke kaputt. Der Putz kam von den Wänden. Dennoch fanden sie schnell, was sie suchten: Waffen und ein wenig Munition.

Aus dem Publikum erklang lautstarker Jubel.

„Sammelt alles schnell auf", rief Leonie. „Yep", hörte sie die knappe Antwort von Luca aus ihren Kopfhörern.

„Hier sind auch noch Rucksäcke!", rief Jona aus dem Nachbarraum.

Schnell hatten sie die Rucksäcke übergestreift und verließen das Haus wieder. „Schließt die Tür hinter euch!", rief Leonie.

Dann blendete sie die Karte ein, die einen großen Kreis zeigte. „Los! Wir sind noch ein Stück weit von der Zone entfernt. Ich habe keine Lust, gegrillt zu werden, also lauft schnell hinein!"

Sie rannten los und schauten sich hektisch um. „Wir sind auf einem offenen Feld, also, passt auf!" Die Drohne veränderte ihre Position in immer schnelleren Abfolgen, um das Geschehen im Spiel und Leonie, Luca und Jona vor ihren flackernden Bildschirmen bestmöglich zu übertragen.

Sie liefen los, die Waffen im Anschlag. Immer wieder wechselten sie in die Hocke oder legten sich ins Gras. Warteten ab, ob jemand in der Nähe war.

„Weiter! Richtung Zentrum!", rief Leonie. Sie rannten. „Da vorne ist ein Jeep", hörte Leonie Luca aus ihrem Headset sagen. Ihre Waffen im Anschlag suchten sie die Umgebung ab. Lauerte irgendjemand in einem Versteck? Hastig drehten sie sich, sahen aber nichts. „Rein!", gab sie knapp zurück.

Als sie gerade in den Jeep steigen wollten, hörten sie den ersten Einschlag neben sich. „Sind unter Beschuss", brüllte Leonie. „Auf 60 Grad", schrie Jona. Ohne eine weitere Sekunde zu verlieren, hasteten sie hinter den Jeep. „Luca, du schaust links. Jona, du rechts. Gebt mir Feuerschutz! Ich renne zum Baum hinter uns und sehe nach, wo sie sind."

Jona und Luca lugten um die Ecken des Jeeps, sahen aber nichts. Dennoch feuerten sie auf die weitläufige Fläche vor ihnen. In diesem Moment rannte Leonie los. Kurz bevor sie hinter dem Baum Deckung finden konnte, erwischte sie ein Schuss und ihre Lebensenergie sank um mehr als die Hälfte. Ein Raunen ging durch das

Publikum. Anschließend gespannte Stille.

Leonie rannte in einem Zick-Zack-Kurs weiter. Bemerkte die Einschläge neben sich und hastete mit letzter Kraft hinter den schützenden Baum.

„Bin safe", rief sie in ihr Mikrofon. Dann öffnete sie ihr Inventar und nahm eine der gefundenen Erste-Hilfe-Medizinen, um ihre Lebensenergie wiederherzustellen. Es vergingen einige Sekunden, dann war sie wieder vollständig genesen. Das Publikum jubelte ausgelassen.

„Jetzt machen wir denen mal Dampf", sagte sie mit ruhiger, bestimmter Stimme.

Im Schutz des Baumes beobachtete sie aufmerksam die Landschaft. Da, eine Bewegung. Jemand lief geduckt durch das Gras. „Auf 110 Grad ist einer." „Sehe ihn", gab Luca knapp zurück.

Leonie legte an. Zielte. Traf. Oben rechts blinkte ein Counter auf und zeigte an, dass sich nun noch 25 Personen im Spiel befanden. „Nice!", rief Jona. „75 sind schon raus."

Die Drohne fokussierte sich kurzzeitig auf seinen Bildschirm, auf dem er eine kleine Karte aufgerufen hatte. Sofort bemerkte er, dass sie sich außerhalb der sicheren Zone befanden.

„Wir müssen sofort ins Zentrum! Wir sind

außerhalb der Safe-Zone und haben nicht mehr viel Zeit."

Ohne weitere Worte zu verlieren, stürmten sie in den Jeep. Leonie nahm hinter dem Steuer Platz und raste los.

„Wie viel Zeit haben wir noch?", fragte sie.

„23 Sekunden", antwortete Luca.

„Das schaffen wir." Sie beschleunigte den Jeep noch stärker, hielt ihn aber sicher auf der Straße.

„Safe-Zone erreicht", rief Jona von der Rückbank aus. Wieder drang durch ihre Headsets lautstarker Jubel des Publikums.

Leonie atmete laut hörbar aus. „Das war knapp."

Luca nickte. „Allerdings."

„Jetzt auf ins Zentrum!" Leonie fuhr eine Kurve und lenkte den Jeep auf eine kleine Stadt zu. Der Counter auf ihren Bildschirmen blinkte erneut auf. „Außer uns noch sechs weitere irgendwo hier. Passt gut auf!", sagte Jona.

Vor einer Lagerhalle ließ Leonie den Wagen ausrollen. Sie öffneten vorsichtig die Türen, spähten hinaus und liefen dann in die Halle. Hektisch schauten sie sich um. Niemand da. Über eine Treppe gelangten sie schnell nach oben auf das Dach der Halle, von wo aus sie einen guten Überblick über das Städtchen hatten. Sie hörten Schüsse. Augenblicklich duckten sie sich. Der Counter am Bildschirmrand reduzierte sich dennoch. „Die Schüsse galten wohl nicht uns. Nur noch drei weitere außer uns sind dabei", keuchte Leonie. Das muss Team Fear sein, jetzt geht es um alles oder nichts."

Im Publikum herrschte gespannte Stille. Vorsichtig schaute Jona über die kleine Mauer des Daches nach unten. Er hielt den Atem an. „Nichts zu sehen."

Voller Aufmerksamkeit suchten sie den Bildschirm nach verdächtigen Bewegungen ab.

„So wird das nichts", sagte Leonie im Flüsterton. „Wir müssen runter." Sie drehte sich um. Plötzlich sprang die Tür des kleinen Häuschens auf, durch das man auf das Dach gelangte. Drei andere Spieler rannten hinaus und schossen. Luca wurde getroffen und war augenblicklich aus dem Spiel. „Fuck", schrie er und schleuderte sein Headset auf den Tisch. Ein erschrockenes Raunen ging durch das Publikum.

Leonie hatte das Feuer erwidert und einen der Angreifer niedergestreckt. Aus dem Raunen des

Publikums wurde Jubel. Jetzt waren nur noch Jona und Leonie und ihre beiden Gegner auf dem Dach. Leonie kauerte sich hinter einen Schornstein.

„Jona!" Ihre Stimme klang nun äußerst angespannt. „Kannst du etwas sehen?"

Jona, der sich hinter einer kleinen Mauer versteckt hatte, neigte sich leicht zur Seite, um zu schauen. Weil er nichts sehen konnte, wagte er sich einen Schritt nach vorn. Und noch einen. Dann hörte er ein Geräusch. Und war aus dem Spiel. „Shit", rief er. „Sie sind von hinten gekommen." Dann verfolgte auch er gebannt das weitere Geschehen.

„Von hinten?", fragte Leonie. „Dann sind sie gleich bei mir. Gegen zwei habe ich keine Chance."

Die Zuschauenden im Stadion hielten den Atem an. Auch Jona und Luca waren angesichts der Spannung unfähig, zu sprechen.

Dann hörten sie Leonie sagen: „Alles oder nichts." Sie verließ ihre Deckung und rannte über eine offene Fläche von ihren Gegnern weg. Direkt hinter das Häuschen, aus dem ihre Gegner gekommen waren, und ohne Umschweife um das Häuschen herum. Sie achtete nicht mehr auf ihre Deckung und lief den gleichen Weg, von dem sie vermutete, dass ihn ihre Gegner genommen hatten.

Und dann sah sie sie. Sie hockten an der Stelle, an der sich eben noch Jona befunden hatte, und starrten in die Richtung, in der sie Leonie vermuteten. Doch nun war Leonie hinter ihnen. Zwei Schüsse aus ihrer Waffe. Und das Spiel war vorbei. Das Licht ging an. Ein nicht enden wollender Jubel ertönte im Studio. Jona und Luca kamen in ihre Glaskabine gestürzt und umarmten sie. Schließlich stand sie auf, ballte ihre Faust in Richtung Drohne und schrie: „Yeah!"

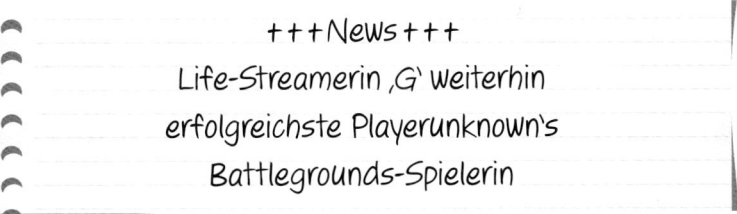

+ + + News + + +
Life-Streamerin ‚G' weiterhin
erfolgreichste Playerunknown's
Battlegrounds-Spielerin

Sie verließen Leonies Glaskabine und schubsten sich vor Freude. Anschließend hüpften sie Arm in Arm im Kreis und sangen „We are the Champions", das zeitgleich aus den Boxen dröhnte. Von der Decke rieselte goldenes Konfetti.

Vom Publikum gab es dazu rhythmischen Applaus und immer wieder laute Jubelrufe. Es dauerte noch einige Minuten, ehe der Applaus leiser und leiser wurde. Irgendwann verstummte er ganz und aus dem Publikum hörte man nur noch angeregtes Gemurmel in der Dunkelheit der Tribüne.

Leonie, Luca und Jona hatten sich voneinander gelöst und erzählten sich aufgeregt die wichtigsten Dinge, die in der Partie passiert waren. Die Drohne schwebte dabei direkt über ihnen.

Sie erzählten sich wieder und wieder die letzten Minuten des Spiels. Dann gingen die drei ganz vorn an die Tribüne und verbeugten sich mehrmals. Ohrenbetäubender Applaus brandete noch einmal auf, bis Leonie irgendwann Jona und Luca nach hinten zog. Sie winkten noch einmal und aus dem Applaus wurde wieder lautes Gemurmel.

„So, jetzt noch etwas ganz Wichtiges" sagte Leonie. Sie ging ein paar Schritte zurück und wartete, bis die Drohne ihr gefolgt war.

„So, meine Lieben", sagte Leonie direkt in die Kameras. „Das war ein fantastischer Abschluss von diesem wunderschönen Tag." Sie lächelte in die Kameras und zwinkerte selbstbewusst. „Ich hatte es vorhin ja schon mal gesagt, ausnahmsweise muss ich euch bis morgen verlassen." Sie winkte in die Kameras. „Ab morgen gibt es dann alles wie gewohnt. Alles live. Und ihr könnt euch darauf gefasst machen, dass ich noch einige spektakuläre Pläne für die kommenden Tage habe." Sie winkte noch immer in die Kameras. „Also, ihr Lieben, ich hoffe, es hat euch wieder Spaß gemacht. Schaut auch morgen wieder rein. Wie immer auf meinem Kanal." Sie machte eine kurze Pause. „Ich sage Tschüss und wir sehen uns morgen!"

Die Drohne streamte ihre Worte ins Netz. Dann erlosch die rote Lampe, die anzeigte, dass sie gerade filmte. Augenblicklich schwebte die Drohne davon. Im Hintergrund war noch immer lautstarkes Gemurmel von den Rängen zu hören. Dann ging das Licht an.

7

N achdem Leonie sich an das Licht gewöhnt hatte, sah sie zur Tribüne. Sie war leer. Nicht ein einziger Mensch auf den Sitzen. Lediglich gigantische Lautsprecher standen auf den verlassenen Rängen und hingen an der Decke.

Leonie betrachtete noch einen Moment die leere Tribüne, dann wandte sie ihren Blick ab und schlurfte langsam Richtung Ausgang. Luca und Jona folgten ihr wortlos.

Leonie hatte den Kopf gesenkt. Hinter ihr fragte Luca: „Alles klar, Leonie?".

„Mh", antwortete sie müde und trottete weiter. Über ihnen schwirrte noch immer die Drohne. Leonie hob den Kopf und schaute sie ärgerlich an. Als Leonie gerade ansetzen wollte, Luca zu antworten, flogen die Schwingtüren auf.

Diesmal ohne Blitzlichtgewitter.

„Wunderbar! Ganz ausgezeichnet! Fantastisch!" Special Live-Manager Schmidt strahlte freudig und applaudierte. Das Klatschen hallte von den Wänden zurück und verlor sich im beinahe menschenleeren Raum.

„Das war toll! Wirklich toll." Special Live-Manager Schmidt applaudierte noch ein wenig, klopfte Leonie auf die Schulter und nickte Luca und Jona anerkennend zu. Ein Stück hinter ihm beeilte sich Junior Special Live-Managerin Yilmaz, ihm zu folgen.

Leonie sah ihn verschüchtert, beinahe ängstlich an: „Vielen Dank, Herr Schmidt." Sie hielt kurz inne. „Wir hoffen, dass es Ihnen gefallen hat."

Jona ergänzte leise: „Ja, wir hoffen, dass Sie zufrieden sind."

Der Blick von Special Live-Manager Schmidt wanderte von Gesicht zu Gesicht. Dabei nickte er fortwährend. „Und ob ich zufrieden bin. Wir sind zufrieden. Unser Publikum ist zufrieden." Er hob seinen Zeigefinger. „Wir hatten heute die höchsten Einschaltquoten, seitdem wir unser Programm begonnen haben." Er nickte den dreien noch einmal zu. „Das war absolute Spitzenklasse."

Dann drehte er sich um und ging Richtung Ausgang. Ohne die drei anzusehen, sagte er: „Kommt! Das Programmplanungs-Team will dich sehen, Leonie. Das darf selbst ich nicht warten lassen." Er setzte sich in Bewegung. Junior Special Live-Managerin Yilmaz nickte ihnen ebenfalls noch einmal zu und folgte dann Special Live-Manager Schmidt in kurzem Abstand.

Unsicher sahen sich Leonie, Jona und Luca an. „Los jetzt!", hörten sie Herrn Schmidt im Befehlston sagen. Dann wurde seine Stimme etwas milder: „Die Herrschaften warten nur äußerst ungern."

Zögerlich setzten sich Leonie, Jona und Luca in Bewegung. Das grelle Licht der bunten Flure blendete sie, als sie das TV-Stadion verließen. Herr Schmidt und Frau Yilmaz waren ihnen bereits einige Schritte voraus und steuerten über den leuchtenden Teppich auf eine Rolltreppe zu, die nach ganz oben führte.

Der Gang auf dem Weg dorthin war von einem gläsernen Geländer begrenzt. Auf der anderen Seite befanden sich in regelmäßigen Abständen Türen.

Leonie sah durch das gläserne Geländer hinunter bis zum großen Platz, auf dem sie das Gebäude betreten hatten. Erst jetzt bemerkte sie, dass ein Netz etwas unterhalb dieses Stockwerks gespannt war. Es war so fein, dass sie es zuvor nicht bemerkt hatte.

Wofür sie das wohl angebracht haben? Zum Schutz der Leute? Damit niemand versehentlich hinunterstürzt? Aber eigentlich ist das Geländer doch hoch genug.

Leonie schreckte aus ihren Gedanken, als sie an einer der vielen Türen auf dem Gang vorbeikamen. Die Tür stand offen. Auf einem Schild über der Tür stand „Staff – Gaming".

Jona war schon hineingegangen und redete mit einem Jungen mit Kapuzenpulli und blonden Locken, der im gleichen Alter wie sie war. „Das habt ihr super gemacht!" Seine Stimme klang beinahe ehrfürchtig. „Gerade die letzte Szene, da hatten wir …" Er machte eine kurze Pause. „Äh, … da hattet ihr ja eigentlich schon beinahe verloren …" Der Junge lächelte schüchtern und nickte.

„Und dann hast du gleich zwei auf einmal erwischt, Wahnsinn." Jona grinste. „Aber sag mal, wie hast du eigentlich gewusst, wo sie sind?"

„Ich hab es nur vermutet und dann Glück gehabt", sagte der Junge mit leiser Stimme.

Leonie betrat nun ebenfalls den Raum.

Die Wände waren weiß. Außer drei Tischen, auf denen Rechner und Bildschirme standen, gab es keine weiteren Möbel. Auf dem Boden standen und lagen einige Wasserflaschen. Teils angebrochen. Teils leer. Das Licht war gedämmt.

Leonie ging auf ein Mädchen zu, das ebenfalls vor einem der Rechner saß. „Playerunknown's Battlegrounds" flackerte noch über den Monitor und einige Statistiken wurden eingeblendet.

Leonie bemerkte die dunklen Augenränder des Mädchens. Neben ihr saß ein weiterer Junge.

„Habt ihr super gemacht", sagte Leonie. Das Mädchen sah kurz auf und sagte leise: „Danke." Dann starrte sie wieder auf den Monitor.

„Ich …, wir haben zu danken", sagte Leonie ebenso leise.

Das Mädchen klickte wortlos auf ihrer Maus herum.

„Das war heute wirklich einmal ein hartes Match. Die waren echt gut." Sie lächelte das Mädchen an. „Aber wenn man solche Spieler-Doubles wie euch hat, kann einem ja nichts passieren."

Gerade als sich Leonie den anderen zuwenden wollte, hörte sie eine gereizte Stimme.

Special Live-Manager Schmidt erschien in der Tür und fuhr sich durch seine gegelten Haare.

„Ja", sagte er knapp. „Habt ihr gut gemacht. Bekommt morgen frei." Dann richtete er sich an Leonie. „Und wir gehen jetzt weiter. Wir haben es eilig." Zu Luca und Jona sagte er:

„Ihr könnt hier bleiben und noch ein wenig fachsimpeln."

Er wedelte mit der Hand Richtung Leonie. „Ihr braucht auch nicht auf sie zu warten. Wird ein wenig dauern gleich."

Verwundert richteten Jona und Luca ihre Blicke auf Leonie, die unsicher zwischen ihnen und Special Live-Manager Schmidt hin- und herschaute.

Dann machte Leonie einen Schritt auf Jona und Luca zu, verabschiedete sich, indem sie ihre Faust gegen die Fäuste der beiden drückte, und verließ den stickigen Raum.

Special Live-Manager Schmidt wartete, bis sie den Raum verlassen hatte. Dann sagte er an die Jugendlichen vor den Computern: „Und nach eurem freien Tag erwarte ich euch pünktlich beim Training."

Ohne eine Antwort abzuwarten, ging er hinaus und schloss die Tür.

Sie liefen nun wieder auf die Rolltreppe zu. Mit dem Unterschied, dass Special Live-Manager Schmidt nun hinter und Junior Special Live-Managerin Yilmaz vor Leonie lief.

Leonie sah auf die Rolltreppe. *Wie bedrohlich sie wirkt, dachte Leonie. Wie ein dunkles Tor in eine dunkle Welt.*

Leonie versuchte, sich abzulenken: „Wahnsinn, wie gut die drei spielen, oder?", sagte sie zu Special Live-Manager Schmidt und drehte sich beim Laufen um. Ihr war unbehaglich zumute.

Special Live-Manager Schmidt nuschelte unwillig etwas vor sich hin.

Leonie, die nicht wusste, was sie davon zu halten hatte, redete weiter, um ihr unwohles Gefühl zu vertreiben: „Sie müssen wirklich hart trainieren, um so gut zu spielen."

Hinter ihr setzte Special Live-Manager Schmidt zu einer dröhnenden Antwort an: „Nun ja, immerhin dürfen sie mit Games ihr Geld verdienen. So gut hat es nicht jeder." Er räusperte sich und beschleunigte seinen Schritt.

Unbewusst wurde Leonie ebenfalls schneller, bis sie bei der breiten Rolltreppe angelangt waren. Sie betrat die beweglichen Stufen und stand nun ganz dicht zwischen Special Live-Manager

Schmidt und Junior Special Live-Managerin Yilmaz. Leonie atmete tief durch. Ein Geruch stieg ihr in die Nase. Das Parfum von Junior Special Live-Managerin Yilmaz.

Leonie konnte den Geruch nicht sofort einordnen. Süßlich. Irgendwie anziehend. Und abstoßend zugleich.

Ein leises Grollen begleitete ihre Fahrt auf der Rolltreppe. Leonie schaute nach oben. Am Ende des Tunnels sah sie ein rötliches Licht. Unaufhaltsam näherten sie sich.

Auf dieser Ebene des Medienzentrums war sie zuvor noch nie gewesen. Im 20. Stock. Mit jeder Sekunde kamen sie dem rötlichen Schimmern näher. Als sie beinahe oben angekommen waren, konnte Leonie über den Rand der Rolltreppe schauen. Und sah leuchtende, rote Lampen an den Wänden. Der Rest des Flures war nur schwer zu erkennen. Dunkler Teppich. Dunkle Wände. Dunkle Decke. Ein Gang, der über ihnen zusammenzufallen schien.

Die rötlichen Lichter waren jeweils oberhalb von Türen angebracht.

Wenn die roten Lichter die gleiche Funktion haben wie bei meiner Drohne, müssten hinter all den Türen Aufnahmen stattfinden.

Hin und wieder erlosch eine Lampe. Dafür ging an anderer Stelle eine Lampe an. Der Gang schien endlos.

Nachdem sich Leonie an die dunkle Atmosphäre gewöhnt hatte, entspannte sie sich ein wenig. Und bemerkte zum ersten Mal seit Stunden, wie viel Hunger sie eigentlich hatte.

Sie drehte sich zu Special Live-Manager Schmidt. „Ich weiß, dass wir es sehr eilig haben", setzte sie an. Herr Schmidt kniff seine Augenbrauen zusammen.

„Aber ich habe seit heute Morgen nichts gegessen." Special Live-Manager Schmidt seufzte. „Mh, na gut. Wir machen noch einen kurzen Abstecher in die Kantine. Liegt sowieso auf dem Weg." Seine Stimme hatte einen genervten Unterton. „Aber nur schnell ein Brötchen holen und dann geht's weiter. Wie gesagt, das Team wartet nicht gern."

Special Live-Manager Schmidt beschleunigte seinen Schritt und trieb Leonie vor sich her. „Die Kantine ist da vorn." Er deutete mit seinem Arm den Gang entlang. „Auf der linken Seite. Dort, wo die Tür offen steht."

Schweigend liefen sie weiter. Als sie bei der Tür angelangt waren, bedeutete Junior Special

Live-Managerin Yilmaz ihr, einzutreten. „Das hier ist die obere Kantine. Unsere Hauptkantine befindet sich im Erdgeschoss." Kurz bevor Leonie den Raum betrat, hob Junior Special Live-Managerin Yilmaz den Zeigefinger. „Hier kommen nicht alle rein, aber bei dir machen wir eine Ausnahme. Du findest Brötchen direkt gegenüber der Eingangstür in der Glastheke."

Leonie betrat eilig die Kantine. *Oh, die Kantine ist ja viel größer, als ich gedacht habe.* Zahlreiche Tische und Stühle standen darin. Dazwischen einige Pflanzen. An den Wänden waren zahlreiche Bildschirme angebracht, auf denen unterschiedliche Programme liefen. Fenster gab es nicht.

Hinter ihr donnerte Special Live-Manager Schmidts Stimme. „Bedien dich, aber mach schnell."

Leonie lief auf die Theke zu. Vorbei an Stehtischen, an denen sich einige Leute unterhielten. *Hoffentlich gibt es noch ein paar Brötchen oder sonst irgendetwas. Dieser Schmidt …*

„Hey Leonie, wie läuft's?", riss sie eine Stimme aus ihren Gedanken.

Leonie sah zur Seite, musterte drei Personen, die um einen Stehtisch standen – und musste grinsen. „Wo sind deine schicken Klamotten, dein Tattoo und deine stylische Frisur hin?", fragte sie einen Mann, der lässig angelehnt an einem Kaffee nippte.

„Habe ich beim Sturz von der Bühne verloren." Der Mann lachte. „Als Rex hat man es nicht leicht, sag ich dir." Er nahm einen weiteren Schluck aus seiner Tasse.

„Schau dir das Weichei an", sagte die Frau neben ihm und knuffte ihn in die Seite. „Ich musste heute den halben Tag im Müll liegen, bevor Madame endlich vorbeigekommen ist …" Sie sah Leonie an und zwinkerte ihr zu. Leonie erkannte nun die ältere Frau, der sie vor einigen Stunden auf der Straße begegnet war. „Ach, du auch hier! Schon Feierabend alle miteinander?", fragte Leonie amüsiert.

„Ja ja, das Leben als Obdachlose ist so schwer", spottete der Mann, der bei der Demonstration als Rex auf der Bühne gestanden hatte.

„Da darf man ruhig auch ein wenig früher Feierabend haben."

„Als Obdachlose habe ich ohnehin Feierabend, wann immer ich möchte", grinste die Frau.

Leonie sah sich kurz um und schaute, ob Special Live-Manager Schmidt schon auf sie wartete.

Doch der unterhielt sich angeregt mit Junior Special Live-Managerin Yilmaz.

Leonie drehte sich wieder zum Stehtisch.

„Und du musst anscheinend noch warten, bis du wirklich hier rausdarfst?", fragte nun die dritte Person, die Leonie bislang noch nicht beachtet hatte.

„Ah, unser Busfahrer ist auch da", sagte Leonie freudig, „sehr schön."

„Als Busfahrer ist man immer schön fein raus. Eine Fahrt im Warmen und schon hat man Feierabend", lachte der Mann, dessen Kleidung arg spannte.

Nervös blickte sich Leonie noch einmal um. Special Live-Manager Schmidt hatte seine Diskussion mittlerweile beendet und sah sie auffordernd an. Leonie fuhr sich durch die Haare. „Ich muss jetzt leider los, wir haben noch ein wichtiges Treffen."

Mit ernster Miene sagte der Mann: „Kann ich mir vorstellen. Schade, vielleicht hast du ja beim nächsten Mal mehr Zeit. Aber die Herr-schaften solltest du wirklich nicht warten lassen. Die werden ja immer sehr schnell ungemütlich."

Schweigend nippte die alte Frau an ihrem Kaffee und nickte gedankenverloren. Der Mann, der zuvor als Busfahrer Leonie, Luca und Jona transportiert hatte, hob die Augenbrauen. „Schönen Abend trotzdem noch, Leonie."

Leonie zwang sich zu einem Lächeln und verabschiedete sich. Schnell lief sie zur Theke und holte sich ein belegtes Brötchen. Darauf befand sich kalter Hackbraten mit einem Ei in der Mitte. „So, endlich versorgt?", fragte Special Live-Manager Schmidt knapp. Er musterte Leonie, die hektisch in ihr Brötchen biss. „Dann können wir ja weiter." Er wandte sich ab und trat wieder auf den Gang hinaus.

Leonie musste sich beeilen, ihm zu folgen, und stopfte sich dabei den Rest des Brötchens in den Mund.

Am Ende des Ganges sah sie eine schwere Tür aus schwarzem Metall. Davor standen zwei Männer in dunklen Anzügen und Krawatten. Leonie zupfte nervös an ihrem Ohrläppchen. *Was sie wohl von mir wollen? Bisher hatte ich eigentlich immer nur Gespräche mit Special Live-Manager Schmidt und Junior Special Live-Managerin Yilmaz. Scheint etwas wichtiger zu sein diesmal.*

Sie hatten die Tür erreicht. Leonie hörte einen der Männer in dem dunklen Anzug sagen: „Ist sie das?"

Leonie schluckte und sah sich nervös um. Ihr Blick blieb an einem grünen Schild hängen: „Notausgang".

Die schroffe Antwort von Special Live-Manager Schmidt ließ sie frösteln: „Ja, sie wird erwartet." Der Mann mit dem Anzug tippte auf einen Knopf in seinem Ohr und sagte dann: „Sie ist da. Möchten Sie sie empfangen?" Für einen Moment herrschte Stille. Dann sagte er: „Du darfst eintreten." Er tippte einen Sicherheitscode ein, dann zog er die Tür auf. „Tritt ein. Du wirst im Konferenzraum erwartet."

Fragend schaute Leonie zu Special Live-Manager Schmidt.

„Wir werden nicht mitkommen. Wenn du fertig bist, komm einfach wieder hierher. Dann begleiten wir dich wieder hinunter." Er nickte ihr noch kurz zu und machte sich dann mit Junior Special Live-Managerin Yilmaz auf den Weg in die Kantine.

Der Mann mit dem Knopf im Ohr gab Leonie zu verstehen, dass sie nun allein weitergehen würde.

Vorsichtig betrat Leonie den Gang, der sich hinter der Tür befand. Er erstreckte sich endlos vor ihr. Hinter ihr fiel krachend die Tür ins Schloss und Leonie sprang erschrocken in die Luft. Nachdem sie sich von ihrem Schreck erholt hatte, lief sie langsam weiter.

Irgendwie gruselig. Niemand ist hier. Und warum gibt es in so einem langen Gang nur eine einzige Tür – ganz am Ende?

Dann kreisten ihre Gedanken wieder um den Grund des Gesprächs.

Was sie wohl von mir wollen? Ich habe nicht die leiseste Ahnung.

Der Gedanke jagte ihr einen Schauer über den Rücken. Um sich abzulenken, betrachtete sie die kahlen Wände.

So steril und kalt.

Endlich war sie am Ende des Ganges vor der einzigen Tür angekommen. Zaghaft klopfte

Leonie. Wartete. Lauschte. Spürte ihr Herz klopfen.

Mit einem leisen Klicken glitt die Tür automatisch zur Seite. Der Raum, der dahinter zum Vorschein kam, war riesig – und fast komplett leer. Nur ein knapp fünf Meter breiter Schreibtisch stand vor einer Panorama-Fensterfront. Dahinter saßen drei Personen, deren Gesichter Leonie aber nicht erkennen konnte.

Zwischen ihnen standen jeweils Schreibtischlampen, die aber lediglich die vor ihnen liegenden Tablets und Notebooks beleuchteten und ihre Gesichter dabei im Dunkeln ließen.

„Treten Sie näher", sagte der Mann, der in der Mitte saß, und deutete mit einer Hand auf den einzigen, vor dem Schreibtisch stehenden Stuhl. *Warum sind die anderen so still?*

Zögerlich schob Leonie den Stuhl zurück. In der Stille war das Knirschen, das der Stuhl dabei erzeugte, beinahe unerträglich.

Ohne ein Wort zu sagen, setzte sich Leonie und schob ihre Sitzgelegenheit zurecht. Wieder dieses Knirschen.

Nachdem sie sich gesetzt hatte, schaute sie ungläubig auf die Stuhlbeine. *Sind die Stuhlbeine zu kurz geraten? Ich komme mir auf einmal so klein vor.* Der Schreibtisch ragte drohend vor ihr auf, aus dieser Perspektive wirkten die Personen gegenüber weitaus größer als sie.

Obwohl sie nun direkt vor dem Schreibtisch saß, fiel es ihr noch immer schwer, die Gesichtszüge der Personen zu erkennen, weil die Lampen ausschließlich den Schreibtisch beleuchteten und alles Dahinterliegende im Dämmerlicht beließen.

„Guten Abend", sagte die Person, die ihr in der Mitte gegenüber saß, kühl.

„Hallo", gab Leonie schüchtern zurück.

„Darf ich vorstellen: Zu meiner Linken sitzt Herr Hakimi. Zu meiner Rechten befindet sich Frau Schneider." Er hustete kurz. „Mein Name ist Herr Braun." Seine Finger wischten über das Tablet, das vor ihm lag. „Vielen Dank, dass Sie heute gekommen sind, und vor allem herzlichen Dank für Ihre tolle Show heute." Er sagte dies mit einer derart monotonen Stimme, dass es Leonie schwerfiel, ihm dieses Lob zu glauben. Der Mann hatte beinahe gelangweilt geklungen.

„Wie Sie sicherlich wissen, müssen wir als Programmplanungs-Team stets dafür sorgen, dass die richtigen Inhalte an unser Millionen-Publikum gesendet werden, und dazu ist es unerlässlich, sich ab und an mit den Gesichtern der Shows über deren aktuelles Befinden zu unterhalten."

Er notierte etwas in seinem Tablet.

Leonie lief es kalt den Rücken herunter.

„Betrachten Sie dies als eine kleine Rückversicherung unsererseits, dass bei Ihnen alles in Ordnung ist." Er tippte mit seinem Finger auf den Schreibtisch, als würde er über etwas nachdenken. „Und natürlich wollen wir sicherstellen, dass Sie sich in der aktuellen Situation wohlfühlen." Wieder die gelangweilte Stimme.

Leonie vermutete, dass er sie ansah, aber sie konnte in dem schummerigen Licht nur dunkle Augenhöhlen erkennen.

„Das war wirklich beeindruckend heute, ganz toll", hörte sie nun die Stimme von dem Mann, der ihr als Herr Hakimi vorgestellt worden war. Sie richtete den Blick nun auf ihn, konnte aber ebenso wenig sein Gesicht erkennen. Nur dunkle Augenhöhlen.

„Bitte beachten Sie, dass Sie immer nur dann sprechen, wenn Sie unsere Fragen beantworten sollen", sagte er mit eisiger Stimme. „Wir wollen ja nicht ihre und vor allem unsere Zeit verschwenden."

Unruhig rutschte Leonie auf ihrem Stuhl hin und her.

„Frau Schneider wird mit ihren Fragen beginnen." Frau Schneider öffnete eine App auf ihrem riesigen Tablet.

Sie räusperte sich. „Nun, Leonie, wie fanden Sie den Tag heute?"

Auch wenn Leonie es nicht erkennen konnte, wusste sie in diesem Moment, dass alle Augen auf sie gerichtet waren.

Leonie spielte mit ihren Fingernägeln und versuchte, von links nach rechts in die Gesichter zu blicken. „Ähm, ganz gut – ich glaube, der Tag war ganz gut."

„Das war nicht die Frage. Wie fanden Sie den Tag?", riss Herr Hakimi barsch das Wort an sich.

Unsicher lenkte Leonie ihren Blick auf den Schatten von Herrn Hakimi. „Gut, ja … ich fand den Tag gut."

„Das freut uns", antwortete Frau Schneider knapp.

„Sind Sie zufrieden mit Ihrer generellen Situation?" Frau Schneiders Stimme erschreckte Leonie.

„Ich, … ja, ich bin zufrieden …"

„Aber?", hakte Herr Braun nach.

„Eigentlich gibt es kein Aber." Leonies Blick wechselte hin und her, immer in die Richtung, aus der sie gerade angesprochen wurde.

„Was heißt eigentlich?" Herr Braun hatte sich nun nach vorn gebeugt, sodass Leonie einige dunkle Falten im Gesicht erkennen konnte. Nervös zupfte sie an ihrem Pullover. „Kein Aber, kein Eigentlich." Sie fühlte sich zunehmend unwohler.

„Gut." Frau Schneider hatte nun wieder das Wort ergriffen.

„Denken Sie, dass Ihr Stream eine gute Sache ist?"

Leonie sah zu ihr herüber. „Ja, das denke ich schon. Das war schon immer mein größter Wunsch. Dass es einmal so groß werden würde, hätte ich niemals für möglich gehalten."

„Sie hatten viel Unterstützung", sagte Frau Schneider.

„Das stimmt, meine Fans sind wirklich einzigartig." Leonie rang sich ein gequältes Lächeln ab.

„Das meine ich nicht." Frau Schneider ließ den Anhänger ihrer Kette zwischen ihren Fingern hin und her pendeln.

Leonie senkte den Kopf.

„Aber darum soll es in diesem Gespräch gar nicht gehen", hörte Leonie nun von der anderen Seite des Tisches die Stimme von Herrn Hakimi. Er schob sein Tablet zurecht. „Wir wollen uns nur vergewissern, dass Sie auch weiterhin gern ein Teil unseres Programms sein wollen."

Leonie nickte vorsichtig.

Herr Hakimi redete weiter: „Sie genießen viele Vorzüge. Ihre Familie lebt in wunderbaren Verhältnissen. Ihnen selbst geht es gut und sie dürfen beinahe täglich spannende Dinge erleben und müssen dafür nichts weiter tun, als Ihrem Stream durch ein gewisses Drehbuch eine bestimmte Richtung zu geben."

Unsicher, was sie erwidern sollte, nickte Leonie erneut.

„Und wir würden gern sicherstellen, dass Sie auch weiterhin mit so viel Freude dabei sind und mit so viel Überzeugung vor der Kamera agieren."

„Ähm, ja", antwortete Leonie unsicher, „das würde ich natürlich gern weiter so machen."

„Stehen Sie denn hinter dem, was Sie tun? Immerhin laufen manche Tage wie der heutige nach einem bestimmten Schema ab. Macht Ihnen das etwas aus?"

Leonie dachte einen Moment nach. „Eigentlich fühle ich mich ganz gut dabei. Und größtenteils bin ich ja auch ich und muss mich gar nicht verstellen …"

„Für uns nicht relevant, aber sicher nicht schädlich", unterbrach sie Herr Braun.

Was soll das denn jetzt bedeuten? Leonie schwieg und strich eine Falte an ihrem Ärmel glatt.

„Genießen Sie es, im Mittelpunkt zu stehen?", fragte Herr Hakimi.

Leonie dachte einen Moment lang nach. „Ein bisschen schon. Man fühlt sich wie eine Art Superstar, der jeden Tag vor andere Aufgaben gestellt wird. Das macht mir Spaß."

„Wunderbar", dröhnte die Stimme von Herrn Braun. „Das nenne ich eine professionelle Einstellung."

Ich weiß überhaupt nicht, was die von mir wollen … Leonie nickte vorsichtig.

„Denn Sie müssen wissen, dass, wenn Sie sich eines Tages anders entscheiden sollten und in Ihrem Stream etwas vertreten sollten, das nicht mit unseren Ansichten übereinstimmt, wir uns gezwungen sehen würden, unsere Unterstützung einzustellen. Das werden Sie sicher verstehen."

Er droht mir. „Darüber habe ich bislang noch nicht nachgedacht."

„Umso besser." Herr Braun notierte etwas in sein Tablet. „Wir möchten nur sicherstellen, dass unsere Programmplanung auch in Zukunft so weitergeführt werden kann, wie dies momentan der Fall ist."

Was weiß ich, was ich in Zukunft alles machen werde? „Also, ich denke, dass das möglich ist."

„Das denke ich auch", erwiderte Herr Braun mit kalter Stimme.

„In den kommenden Wochen haben wir einige herausragende Aktivitäten mit Ihnen geplant. Daher ist es wichtig, uns davon zu überzeugen, dass all das, was wir uns überlegt haben, auch wirklich mit *Ihnen* funktionieren wird."

Leonie schauderte. „Um was handelt es sich?"

„Das werden Sie noch früh genug erfahren." Herr Braun nahm sein Tablet und klappte die lederne Schutzhülle zu.

„Wissen Sie, die Zeiten sind nicht ganz einfach aktuell. Es geschehen viele Dinge. Dinge, die die Menschen verunsichern können. Sie unruhig werden lassen." Sein Zeigefinger tippte auf den Tisch. „Aber die Menschen brauchen Stabilität. Sicherheit. Ruhe. Und die wollen wir ihnen geben. Durch Sie und Ihren Stream beispielsweise." Er räusperte sich. „Sie leisten damit einen wichtigen gesellschaftlichen Beitrag, das sollte Ihnen stets bewusst sein."

So habe ich das noch gar nicht betrachtet.

„Ich werde weiterhin versuchen, meine Fans bestens zu unterhalten." Sie sah nun wechselweise Herrn Hakimi, Frau Schneider und Herr Braun an. „Streamerin zu sein ist mein absoluter Traum. Ich könnte mir nichts Schöneres vorstellen. Ich erfreue die Menschen gern."

Nach einem kurzen Moment der Stille führte Herr Braun seine Hände zusammen und klatschte. *Klapp. Klapp.* Dann klatschten auch Frau Schneider und Herr Hakimi.

„Wunderbar", sagte Herr Braun.

Klapp. Klapp. Klapp.

„Ausgezeichnet", sagte Frau Schneider.

„Ganz fantastisch", sagte Herr Hakimi.

8

+++ News +++

Gerüchte über neues Einkaufszentrum –

aber noch immer keine offizielle Eröffnung +++

Holo-Scheiben erwecken einen anderen Eindruck

+++ Hintergrund unklar

Nach der Unterhaltung hatte Special Live-Manager Schmidt sie an der Tür zum Konferenzraum wieder in Empfang genommen und zum Aufzug geleitet. Leonie hatte noch einen flüchtigen Blick in den Raum geworfen, in dem sie Jona und Luca zurückgelassen hatte. Doch der Raum war leer.

Mittlerweile war es schon spät geworden. Als sie mit Special Live-Manager Schmidt wieder in den gläsernen Aufzug einstieg, sah sie nur noch wenige Menschen im Gebäude.

Was war das gerade eben? Ich habe das doch immer gern gemacht. Haben sie etwas auszusetzen an mir und meinem Stream? Bislang waren die Rückmeldungen doch auch immer positiv. Die von meinen Fans und auch von den Leuten im Medienzentrum. Merkwürdig.

Der Aufzug setzte sich langsam in Bewegung. Special Live-Manager Schmidt stand neben ihr, sagte aber nichts. Er atmete schwer.

Was wollen sie überhaupt? Es sind schließlich meine Fans. Ich bin die Hauptfigur meines Streams. Wer denn sonst?

Die Fahrstuhltür glitt auf und Special Live-Manager Schmidt deutete mit seiner Hand zum Ausgang. Leonie verließ den Aufzug. Als sie am Empfang vorbeikam, wollte sie noch kurz ein Wort mit dem Rezeptionisten wechseln, doch der schaute nur kurz auf und beachtete sie nicht weiter.

Kurz vor dem Ausgang hielt Special Live-Manager Schmidt an und sagte: „Morgen früh geht es weiter. Die Drohne wird derzeit gewartet. Du musst um neun Uhr spätestens am Zentralmarkt sein, dort wollen wir morgen unser Programm starten. Jona und Luca werden auch da sein. Aber nur bis zum Mittag. Ab dann bist du wieder allein auf Sendung."

Leonie nickte. Ohne ein weiteres Wort drehte sich Special Live-Manager Schmidt um und ging wieder zum Aufzug.

Als Leonie vor das Gebäude trat, spürte sie einen leichten Windzug. Die Kühle tat gut nach diesem anstrengenden Tag. Sie schloss die Augen und genoss das Gefühl auf ihrer Haut. Als sie die Augen wieder öffnete, suchte sie automatisch ihre Umgebung nach der Drohne ab. *So sehr habe ich mich schon daran gewöhnt.* Sie lächelte und ging auf das leuchtende Einkaufszentrum zu.

Ich sterbe vor Hunger. Das eine Brötchen reicht ja hinten und vorne nicht. Mal schauen, was das Einkaufszentrum zu bieten hat.

Leonie lief auf die glänzende Schwingtür zu und wartete darauf, dass sie sich öffnete. Doch nichts tat sich. Sie trat einen Schritt näher und versuchte, die Tür mit der Hand aufzuziehen. Die Tür bewegte sich nicht.

Na toll. Schon geschlossen. Wo bekomme ich denn jetzt etwas zu essen her? Sonst bin ich ja fast nie hier in der Gegend …

Leonie lief planlos die Straße hinunter. Hinter ihr flackerten die Holo-Scheiben des Einkaufszentrums.

Sie ging zur Bushaltestelle, an der sie erst vor Kurzem ausgestiegen war. Dort angekommen, warf sie einen Blick auf den Fahrplan: *„Keine reguläre Personenbeförderung. Der Bus verkehrt nur für Angestellte des Medienzentrums".*

Sie schüttelte genervt den Kopf und holte ihr Smartphone heraus. *Akku leer, shit. Jetzt kommt aber auch alles zusammen. Wie komme ich denn jetzt hier weg?*

Leonie schaute die Straße entlang. Einige wenige Straßenlaternen tauchten die Straße in ein schummeriges Licht. *Bleibt mir wohl nichts anderes übrig, als zu laufen.*

Sie war erst wenige Meter gegangen, da setzte der Regen ein. *Auch das noch.* Schnell zog sie die Kapuze ihres Pullovers über den Kopf und beschleunigte ihren Schritt. Auf dem Bürgersteig waren nur wenige Menschen unterwegs. Gesichter konnte sie keine erkennen. Zu tief waren sie unter Schirmen und Kapuzen verborgen.

Gut, dass mich in meinem Aufzug hier niemand erkennt. Ich will nur noch weg. Das war ja echt mal ein merkwürdiges Gespräch gerade. Aber vielleicht überlegen sie ja einfach, wie sie meinen Stream noch bekannter und größer machen können, und wollen einfach Planungssicherheit. So etwas in der Art wird es sein.

Die Häuser, an denen sie vorbeilief, waren heruntergekommen. An manchen Stellen waren Risse in den Wänden zu sehen. Hin und wieder fehlten Fenster. Trotzdem flackerte drinnen Licht.

Das habe ich vorhin ja gar nicht mitbekommen, dass es hier so übel aussieht. Sie zog sich ihre Kapuze noch tiefer ins Gesicht. *Wohnen will ich hier nicht.*

Der Regen wurde stärker und prasselte auf sie ein. Vor sich sah sie ein flackerndes Schild, auf dem für Essen geworben wurde: „Brunos Nudel- und Reispfannen".

9

Erleichtert, dem Regen entkommen zu können, riss Leonie die Tür zu dem Imbiss auf und trat ein. Niemand außer dem Besitzer war darin. Er räumte gerade auf.

„Na, so spät noch Kundschaft? Viel hab ich nicht mehr. Was darf's denn sein, Mädchen?" Er deutete auf seinen Herd. „Nudel- oder Reispfanne?"

„Mädchen?", fragte Leonie empört.

Der Ladenbesitzer, der wohl Bruno sein musste, sah sie an. „Wäre dir ‚Eure königliche Hoheit‘ lieber?" Er räumte einen dreckigen Teller mit Besteck von einem der Tische. „Also, was jetzt, Nudel- oder Reispfanne?"

Dann nahm er einen Stuhl, den er eben erst auf den Tisch gestellt hatte, wieder herunter.

Leonie sah sich um. Nirgends hing ein Bildschirm. *Vielleicht weiß er gar nicht, wer ich bin.*

„Und?"

Erschrocken sah Leonie zu ihm. „Ähm, Nudelpfanne."

„Geht doch." Bruno drehte sich um und ging hinter die Theke seines Ladens. Leonie beobachte ihn. Seine kräftigen Hände schienen die Bewegungen schon tausende Male gemacht zu haben. Er zog seine Schürze ein wenig enger und schwenkte die Pfanne hin und her. Ohne sich umzudrehen, sagte er: „Sitzplätze kosten das Gleiche hier."

Da erst bemerkte Leonie, dass sie noch immer direkt vor der Eingangstür stand. Sie setzte sich an einen Tisch direkt neben der Theke und sah sich um. Der Imbiss war zwar nicht dreckig, aber die letzte Renovierung dürfte Jahrzehnte zurückliegen. Einige Fliesen fehlten in der Wand. Von der Decke bröckelte Putz.

„Was führt dich denn um diese Uhrzeit in diese Gegend, Mädchen?" Das Essen brutzelte in der Pfanne. Eine Lüftung surrte.

„Hatte einen Termin im Medienzentrum. Und ich bin kein Mädchen mehr."

Bruno drehte sich zu ihr. „Oha, dann habe ich also einen ganz wichtigen Gast hier in meinem bescheidenen Imbiss." Er lachte laut und Leonie merkte, dass er seine Aussage nicht im

Geringsten ernst meinte. Sie sah ihn argwöhnisch an.

„Musst ja nicht gleich beleidigt sein, Mädchen." Er stellte einen sauberen Teller auf die Theke, legte Besteck darauf und lächelte sie an. „Also, wie heißt du denn?"

„Vielleicht kennst du mich unter meinem Netz-Namen: ‚G-Lee'."

Bruno kratzte über seinen Bart und dachte nach. Nach einer Weile sagte er: „Hört sich nach Gelee an." Dann konnte er nicht mehr innehalten und prustete vor Lachen.

Leonie wollte sich das Lachen verkneifen, aber die ansteckende Art von Bruno sorgte dafür, dass auch sie grinste.

Irgendwie mag ich ihn.

„Na also, geht doch, du kannst auch lachen." Er legte seine Hände auf die Theke. „Ich bin Bruno, aber das hast du dir sicherlich schon gedacht." Dann drehte er sich um, nahm die Pfanne und schaufelte Leonie das Essen auf ihren Teller. Sie stand auf und holte sich den Teller an ihren Tisch.

Bruno stellte die leere Pfanne in die Spüle und setzte sich zu ihr. „Du musst wissen, hier hat kaum jemand einen Netzzugang."

„Wie? Ich habe doch vorgestern erst wieder in den Nachrichten gehört, dass das zur Grundausstattung von jedem Einwohner und jeder Einwohnerin gehört und alle ein Anrecht darauf haben", sagte Leonie ungläubig. *Ich habe da sogar in meinem Stream ausführlich drüber berichtet und megaviele Kommentare zu bekommen, dachte sie. Bekommt der in seiner Kochbude denn gar nichts mit?*

„Genau, und das haben genau alle gesehen, die bereits einen Netzzugang haben – und der Rest eben nicht."

„Aber du weißt es doch auch", sagte Leonie.

„Außerdem kannst du doch zu den Behörden gehen und sagen, dass du das auch haben möchtest."

Bruno lachte. „Du kommst aus einer anderen Gegend, Mädchen, oder?"

Leonie wusste nicht, worauf er hinauswollte, und schwieg.

„Wenn jemand wie ich zu den Behörden geht, und dann sehen die meine Adresse, dann heißt es zunächst mal, dass es schwierig werden wird wegen der technischen Infrastruktur in diesem Teil der Stadt." Er beugte sich vor. „Wenn ich dann nach einigen Wochen wiederkomme und noch mal nachfrage, was denn nun mit meinem Zugang ist, wird mir deutlich gemacht, dass das nichts wird." Er beugte sich noch ein Stück weiter nach vorn. „Und wenn ich dann trotzdem auf meinem Recht beharre", er sah Leonie eindringlich an, „ja, dann wird mir gedroht. Und wenn das immer noch nicht reicht, werde ich in Haft genommen." Er lehnte sich zurück.

Leonie wusste nicht, was sie sagen sollte. *Was erzählt der denn da für einen Quatsch? In Haft? Weil man einen Netzzugang will? Kann ich mir nicht vorstellen.*

„Jetzt iss aber erst mal. Das Essen wird ja ganz kalt."

Da bemerkte Leonie wieder, wie hungrig sie war, und schlang gierig das Essen hinunter. Nachdem sie ein paar Gabeln genommen hatte, sagte sie: „Das ist aber lecker."

Bruno nickte zufrieden.

Plötzlich fiel Leonie etwas ein. *Wollen wir doch mal sehen, was er dazu sagt. Das habe ich ja auch erst kürzlich gelesen und heute noch in meinem Stream darüber erzählt.*

„Sag mal, wie ist das mit den Obdachlosen?" Leonie legte die Gabel beiseite. „Ich habe gelesen, dass es eine neue Anlaufstelle für Obdach-

lose geben soll. Mit warmen Betten und Essen."
Bruno machte große Augen. „Wenn du mit
Unterkunft meinst, dass sie in großen Lagern
weggesperrt werden, dann ja."

„Ich war sogar heute noch bei einer dieser
Stellen, das sah aber nicht danach aus", sagte
Leonie selbstsicher.

„Warum fragst du denn dann, wenn du schon
alles weißt?" Er schüttelte den Kopf. „Du warst
bestimmt bei einer dieser Vorzeigeeinrichtungen.
Die werden ja immer bemüht, wenn gezeigt
werden soll, wie gut alles hier funktioniert …"
Bruno sah sie nun beinahe mitleidig an. „Alle
anderen Einrichtungen sind in einem katastro-
phalen Zustand."

Leonie sah ihn ungläubig an.

„Drei Straßenecken weiter ist so ein Lager,
schau es dir an."

*Kann das stimmen? Das mit der alten Frau
haben wir ja extra inszeniert, damit meine Fans
anschaulich sehen und verstehen können, wie
wichtig so eine Unterkunft für Obdachlose ist …*

„Was ist denn los?", fragte Bruno.

Leonie nahm wieder ihre Gabel in die Hand und
stocherte in ihrem Teller herum. „Ach, nichts.
Ich denke nur nach."

Bruno ging an einen Kühlschrank, hinter dessen durchsichtiger Scheibe sich zahlreiche Getränke verbargen. „Willst du auch was?"

Leonie schaute kurz auf und schüttelte dann den Kopf.

Bruno nahm sich ein Bier heraus und schlurfte wieder zum Tisch zurück.

„Wenn ich ehrlich sein soll, Mädchen", dabei holte er aus seiner Tasche einen Flaschenöffner, „glaub einfach kein Wort von dem, was du im Netz siehst und hörst. Alles kann manipuliert sein. Alles." Mit einem lauten Plopp öffnete er das Bier.

„Ich bin nicht manipuliert." Während sie das sagte, machte sich ein eigentümliches Gefühl in ihrer Magengegend breit. *Gut, das Computerspiel schon. Okay, und ein paar Sachen sind inszeniert. Aber nur, damit es einfach und verständlich gemacht wird. Nachrichten schaut doch sonst niemand in meinem Alter.*

Bruno sah sie lange an. „Leonie", es war das erste Mal, dass er sie mit ihrem richtigen Namen ansprach.

Sie blickte auf.

„Zwei Dinge solltest du wissen." Er nippte an seinem Bier. „Erstens: Ich unterhalte mich nicht mit dir, weil ich dich von irgendetwas überzeugen will. Wenn du mir nicht glauben willst, bitte. Warum sollte ich dich von irgendetwas überzeugen wollen? Wenn du mein Geschäft verlässt, gehst du wieder in dein schönes Viertel und wir sehen wir uns wahrscheinlich nie wieder."

Leonie wusste nicht, was sie erwidern sollte. *Warum erzählt er mir das alles, wenn er mich nicht von etwas überzeugen will? Und woher kennt er meinen richtigen Namen, wenn er meinen Streamerinnen-Namen nicht kennt?*

„Zweitens."

Leonie war froh, dass sie nicht weiter verlegen nach Worten suchen musste.

„Ich weiß, wer du bist. Ich wusste es in der Sekunde, in der du meinen Laden betreten hast."

Leonie öffnete den Mund und wollte etwas sagen, kam aber nicht dazu.

„Ich habe nicht gelogen. Ich habe kein Netz hier. Aber sieh mal, ich arbeite jeden Tag in diesem Laden und schaue von meiner Theke aus direkt auf die Holo-Scheiben des Einkaufszentrums. Dort wird dein Stream täglich übertragen. Nicht den ganzen Tag, aber schon viele Stunden." Er nahm einen tiefen Schluck Bier.

„Natürlich kenne ich dich."

Leonie lächelte verlegen.

„Ich kenne dich aber auch aus einem anderen Grund." Bruno stand auf und lief zu seiner Theke. Darauf lag ein Stapel loser Papiere. Er nahm einen Batzen Papier, kehrte zurück und schmiss sie vor Leonie auf den Tisch.

Sie nahm einen der Zettel und las ihn. Mit jedem gelesenen Wort entgleisten ihr ihre Gesichtszüge mehr:

+++News+++
Life-Streamerin Leonie, bekannt als ‚G',
vermutlich von der Regierung unterstützt –
Ist sie ein Propaganda-Werkzeug?

Leonie starrte fassungslos auf den Zettel. *Was … wieso? Was denken denn diese Leute von mir? Ich soll ein Propaganda-Werkzeug sein?* Ihre Gedanken rasten. *Was unterstellen mir diese Leute da eigentlich? Und wer schreibt diese Nachrichten?*

„Das sind unsere Nachrichten. Von Hand geschrieben. Manuell vervielfältigt. Per Hand verteilt", sagte Bruno, als hätte er ihre Gedanken gelesen. „Wir müssen uns selbst helfen. Denn ansonsten sehen wir entweder nur das, was wir sehen sollen." Mit einer abrupten Handbewegung fegte er etliche Zettel zu Boden. „Oder gar nichts."

Da werden einfach irgendwelche Sachen über mich behauptet und ich kann noch nicht einmal live über meine Drohne darauf antworten. Sie schaute kurz aus dem Fenster und ballte die Hände zu Fäusten. *Wollen wir doch mal sehen …* Ihr wütender Blick traf Bruno. „Warum sollte man euch mit Absicht vom Netz fernhalten wollen?"

„Weil hier viele Menschen wohnen, denen es nicht gut geht. Die das auch anderen mitteilen würden. Die anderen Menschen vielleicht sagen würden: ‚Hey, so geht es nicht weiter, wir müssen uns wehren. Alle zusammen.'"

Leonie zog die Augenbrauen zusammen. „Und in anderen Stadtgebieten haben die Menschen Zugang zum Netz und bekommen nichts davon mit, dass es nicht überall so gut läuft? Und ich mische da auch noch munter mit und verbreite Lügen?" Sie schüttelte den Kopf. „Das ist doch totaler Quatsch."

Bruno lachte.

Leonie fühlte sich wie ein kleines Kind. „Warum lachst du?"

„Weil du dir die Antwort auf deine Frage eigentlich selbst geben kannst. Warst du schon mal vorher in diesem Viertel?"

„Bin nur mit dem Bus durchgefahren", antwortete Leonie missmutig.

„Du meinst den Bus, der eigens eingerichtet wurde, damit du hier für deinen Stream durchfahren kannst?"

Leonie sagte nichts.

„Fast alle Menschen arbeiten heute dort, wo sie leben. Sie arbeiten an ihren Computern zu Hause und brauchen ihr Haus eigentlich kaum noch verlassen. Essen? Wird geliefert. Mit Freunden treffen? Wird online gemacht. Urlaub? Virtuell. Alle sonstigen Dinge, die man so braucht? Werden bestellt. Die Natur erleben? Ebenfalls virtuell. Sport? Virtuell." Er nahm einen Zug aus seiner Flasche. „Die Leute haben schlicht keinen Grund mehr, ihr Haus zu verlassen und sich nach draußen zu bewegen. Also sehen sie auch nicht, was draußen wirklich passiert."

Leonie sah ihn an. „Ich zeige es ihnen."

Bruno knallte seine Flasche auf den Tisch.

„Du zeigst ihnen einen Scheiß. Du zeigst ihnen genau das, was sie sehen sollen." Er wischte einen Tropfen beiseite, der aus der Flasche gespritzt war. „Du zeigst ihnen das, was dein Sendeplan dir sagt, dass du zeigen sollst."

Leonie wich vor ihm zurück.

Bruno bemerkte ihre Reaktion und seine Stimme wurde ruhiger. „Ich konnte heute über die Holo-Scheiben deinen ganzen Tag verfolgen. Gab es da irgendeinen Teil, der nicht genauso vorher geplant war?"

Leonie schaute ihn erstaunt an. „Ich kann in meinem Stream sagen, was ich will."

„Aber nicht tun, was du tun willst."

„Wenn ich will, kann ich das." Sie schob ihren Teller beiseite. Ihr war der Appetit vergangen. „Ich könnte jederzeit, während die Drohne aufnimmt, vor laufenden Kameras sagen und tun, was immer ich möchte."

„Natürlich kannst du das", sagte Bruno ruhig.

„Siehst du", antwortete Leonie zufrieden.

Bruno betrachtete sie nachdenklich. „Und trotzdem würde das niemand zu Gesicht bekommen."

„Vielleicht weißt du nicht, was das Wort ‚live‘ bedeutet", sagte Leonie und rollte mit den Augen,

„das bedeutet, dass etwas in dem Augenblick gesendet wird, in dem es passiert."

„Oder mit genug Verzögerung, um notfalls eingreifen zu können. Um Dinge, die ein paar Leuten nicht gefallen, nicht zu senden. Ein paar Sekunden reichen doch schon. Niemand merkt so etwas. So etwas gab es schon, als die Leute noch normales Fernsehen geschaut haben."

„Aber warum sollte das jemand tun? Und vor allem, wer überhaupt?", fragte Leonie.

„Die Frage wirst du dir selbst am besten beantworten können."

Leonie setzte zu einer Antwort an, dann fiel ihr ihre sonderbare Begegnung mit dem Programmplanungs-Team ein. Sie hielt inne.

„Aha", sagte Bruno. „Habe ich dich auf eine Idee gebracht?"

Leonie sah ihn verärgert an. „Was willst du? Mir sagen, dass mein Stream ein Haufen Mist ist? Und ich nur ein nützliches Werkzeug von irgendwelchen Leuten bin?"

Bruno nippte gelangweilt an seinem Bier.

„Nein." Dann stellte er die Flasche wieder ab. „Dein Stream ist sogar richtig gut. Zu gut." Er beugte sich wieder nach vorn und sah sie eindringlich an. „Das Einzige, was ich dir sagen will, ist: Denk darüber nach, für wen du das machst und warum du das machst, was du da tust."

„Ich mache das für meine Fans. Damit sie eine tolle Zeit haben. Ihren Alltag vergessen können. Spaß haben …"

Bruno unterbrach sie: „Und du machst es nicht, weil du es genießt, im Mittelpunkt zu sein? Anerkannt zu sein? Wichtig zu sein? Vorteile zu genießen? Dinge tun zu können, die andere nicht tun können?"

„Nein!" Leonie wurde wütend. „Ganz bestimmt nicht!"

„Gut." Ohne ein weiteres Wort stand Bruno auf, nahm ihren Teller vom Tisch und räumte ihn hinter die Theke.

Was will der Typ eigentlich von mir?, dachte Leonie. *Ich bezahl hier noch eben, dann haue ich ab. Ich hab echt keine Lust, mir von dem Typen hier so einen Scheiß erzählen zu lassen.*

Brunos Stimme riss sie aus ihren Gedanken. „Hast du eigentlich schon einmal darüber nachgedacht, was passieren würde, wenn du vor der Kamera einmal Dinge erzählst, die manchen Leuten nicht passen?"

Leonie sah ihn verwundert an. *Die Frage habe ich mir noch nie gestellt. Aber musste ich ja auch nie. Ich kann ja tun und lassen, was ich möchte.* Sie fuhr sich durch die Haare. *Okay, ein Teil des Ablaufes ist vorbestimmt, aber ich entscheide ja immer noch, was bei mir läuft oder nicht.* „Was sollte schon passieren? Meinst du, sie würden mich absetzen?" Sie lachte.

„Warum denn nicht?", fragte Bruno.

Entgeistert schaute Leonie ihn an. „Was sollen sie denn machen? Mich durch jemand anderes ersetzen? Dann suche ich mir halt einen anderen Kanal und streame von dort. Meine Fans bleiben ja nicht wegen des Kanals irgendwo, sondern wegen mir."

Bruno stemmte sich mit den Händen auf die Theke. „Das stimmt schon, aber ich glaube gar nicht, dass deine Fans davon überhaupt etwas mitbekommen würden, dass du nicht mehr da wärst."

Leonie kniff die Augen zusammen. „Wie meinst du das?"

Bruno kam wieder hinter seiner Theke hervor und wischte mit einem Lappen über den Tisch, an dem Leonie gegessen hatte.

Ich habe heute den ganzen Tag deinen Stream über die Holo-Scheiben verfolgen können. Und eine Sache hat mich stark gewundert."

Leonie sah ihn gespannt an.

Bruno wischte nun mit dem Lappen auch die Glasscheibe seiner Theke ab. „Ihr seid hier heute genau auf dieser Straße mit dem Bus zum Medienzentrum gefahren. Direkt an meinem Laden vorbei." Er zeigte aus dem Fenster. „Und die Kamera hat auch die Häuser außerhalb des Busses gefilmt und übertragen."

Leonie schwieg. *Worauf will er hinaus?*

Bruno hielt mit dem Putzen inne. „Nur sahen die Häuser ganz anders aus als die Häuser, die hier stehen." Die Häuser waren schön weiß. Kein bisschen kaputt. Alle Häuser hatten Fenster. Menschen waren zu sehen. Blumen standen in Blumenkästen. All das konnte man im Vorbei-fahren sehen." Er schmiss den Lappen über die Theke in die Spüle. „Und jetzt geh mal vor die Tür, sieh dich um und sag mir, was du siehst."

Leonie wusste nicht, was sie sagen sollte. *Verdammt, hat er Recht? Bei der Fahrt habe ich gar nicht darauf geachtet. Aber als ich hierher-gelaufen bin, war das alles schon sehr kaputt.*

Da Leonie keine Anstalten machte, zu antworten, fuhr Bruno fort. „Die Häuser sind alt. Kaputt. Beleuchtung in den Zimmern haben nur wenige Wohnungen. Es gibt auch kaum Straßenlaternen.

Will heißen: Nichts ist so, wie es in deinem Stream gezeigt wurde." Er verschränkte seine Arme. „Die entscheidende Frage ist also: Wenn sie live die kaputten Häuser durch schöne, helle, heile Häuser ersetzen können, wer sagt dann, dass das nicht auch mit Menschen gemacht werden könnte?"

Leonie saß äußerlich ruhig auf ihrem Stuhl, aber ihre Gedanken tobten hin und her. Sie starrte aus dem Fenster auf die gegenüberliegenden Häuser.

Ist das wahr? Werden in meinem Stream Dinge gezeigt, die gar nicht existieren? Das kann doch nicht sein.

Dann sagte sie: „Aber wenn das stimmt, warum brauchen sie mich dann überhaupt?"

Bruno lehnte sich zurück. „Tja, das ist die große Frage." Er kratzte sich am Kinn. „Brauchen sie dich überhaupt?" Er wiederholte ihre Frage. „Brauchen sie dein sympathisches Gesicht vielleicht nur noch eine Zeit lang?"

Jetzt reicht es mir, der Typ kennt mich seit ein paar Minuten und sagt mir, dass das, was ich mache, alles fake ist? Dass ich austauschbar bin. Dass alles, was ich mache, einem großen Plan anderer Leute folgt. Was bildet er sich eigentlich ein? „Vielleicht liegst du aber auch einfach komplett falsch." Leonies Stimme wurde laut.

„Das wäre zu wünschen", entgegnete Bruno ruhig.

Was Leonie nur noch wütender machte. „Noch mal, warum sollte jemand mich und meinen Kanal nutzen, um irgendwelche Botschaften unters Volk zu bringen?"

„Kannst du dir das nicht vorstellen?", fragte Bruno verwundert. „Wenn jemand aus der Regierung ein bestimmtes Bild vermitteln will und im Netz eine Rede hält, dann ist und bleibt dieser jemand immer noch eine Person der Regierung. Selbst wenn das, was diese Person sagt, nichts als die reine Wahrheit wäre. Selbst, wenn das, was sie sagt, etwas Positives für die Leute wäre." Er ließ sich einen Moment Zeit, bevor er weitersprach. „Dieser jemand bleibt aber immer noch eine Person der Regierung – und alles, was diese Person sagt, wird zunächst einmal kritisch gesehen und hinterfragt."

„Dann zum letzten Mal: Was spiele ich dann für eine Rolle?", fragte Leonie.

„Du, Leonie", er sah ihr dabei tief in die Augen, „du bist eine von ihnen. Eine von deinen Fans.

Aus derselben Gegend. Mit dem gleichen Hintergrund. Du bist authentisch. Dir glaubt man. Dir nimmt man ab, was du sagst und tust. Wenn du etwas machst oder sagst, wird das schon richtig sein. Die Wahrheit sein. Denn dir können die Leute trauen."

Leonie schluckte. „Und das können die Leute auch."

„Bist du dir da sicher?"

Seine Frage bohrte sich wie ein Pfeil in ihre Brust. Sie konnte ihn nicht ansehen. „Also, ich …" Sie rang nach Worten. Die Worte kamen nur langsam aus ihr heraus. „Wenn ich will, kann ich meinen Fans alles sagen und es wäre überhaupt kein Problem. Meine Fans verstehen mich."

„Nicht, wenn du ihnen etwas vormachst", gab Bruno schroff zurück. „Du wärst dann keine mehr von ihnen. Sondern lediglich eine weitere Person, die gelogen hat."

„Ich habe nicht gelogen." Leonie schrie vor Aufregung beinahe.

„Aber du spielst zumindest nicht mit offenen Karten", antwortete Bruno ruhig, aber bestimmt.

„Woher willst du das wissen?" Sie schaute ihn trotzig an. „Du hast überhaupt keine Ahnung, was ich mache."

„Ganz genau. Und deine Fans auch nicht."
Was für ein Arschloch.

„Und noch etwas: Wie war denn das Wetter, als du heute Morgen im See baden warst?"

„Bewölkt, aber warm genug zum Schwimmen", sagte sie mit fester Stimme.

„Wie kommt es dann, dass im Stream keine Wolke am Himmel zu sehen war und das Wasser sogar durch das Sonnenlicht glitzerte?" Leonie schwieg wieder.

„Hör mal", sagte Bruno und ging wieder zum Kühlschrank. „Ich will dir ja gar nichts. Ich verkaufe hier nur mein Essen und gehe anschließend wieder nach Hause in mein 12-Quadratmeter-Zimmer, in dem später am Abend der Strom abgeschaltet wird." Er nahm eine Flasche mit einer grünlichen Flüssigkeit heraus, öffnete sie und stellte sie vor Leonie auf den Tisch.

Sie schaute die Flasche an, drehte sie einmal nach links, dann nach rechts.

„Ist kein Alkohol drin", sagte Bruno.

„Und wenn schon", antwortete Leonie, nahm die Flasche und einen tiefen Schluck. „Die Drohne ist heute nicht mehr da." *Fuck, das hätte ich nicht sagen sollen. Jetzt wird er denken, dass ich mich auf eine bestimmte Art und Weise verhalte, wenn die Kameras an sind. Dabei will ich ja nur meiner Verantwortung gerecht werden gegenüber meinen jüngeren Fans.* Sie starrte auf die Flasche vor sich. *Schon komisch, irgendwie kontrolliert mich das Ding schon ein bisschen, wenn ich mir über so etwas Gedanken machen muss. Aber wurde mir jemals verboten, vor der Kamera Alkohol zu trinken? Muss ich überhaupt jemanden fragen? Ich kann doch machen, was ich will ...* „Wenn du mir eigentlich gar nichts willst, warum erzählst du mir dann den ganzen Kram?"

„Weil es wichtig ist."

Leonie lachte überheblich. „Für wen? Für dich? In deinem 12-Quadratmeter-Zimmer ohne Strom?" *Okay, das war definitiv arrogant und überheblich. Gut, dass die Kameras nicht an sind.*

Bruno schaute sie lange an, ohne ein Wort zu sagen.

Als ob er darüber nachdenken würde, ob es sich lohnen würde, mir seine Überlegungen mitzuteilen, oder ob ich ein hoffnungsloser Fall bin.

Dann seufzte er und setzte sich ihr wieder gegenüber. „Was mit mir ist, ist völlig egal.

Schau mal nach draußen", er deutete mit seinem Arm Richtung Fenster, „für uns interessiert sich ohnehin niemand. Wir sind die Abgehängten. Wir haben keine Lobby. Keine Mitsprache. Keine Kraft, um Druck auszuüben. Weil wir uns nicht zusammenschließen, sondern alle nur versuchen, ihr eigenes Leben irgendwie auf die Reihe zu bekommen. Wir sind im Prinzip im Großen und Ganzen nicht existent."

Leonie runzelte nachdenklich die Stirn.

Bruno hob nun einige der Nachrichten-Zettel auf. „Ich will es dir erklären."

Immerhin hat er schon länger nicht mehr Mädchen zu mir gesagt.

„Wir sind für die Regierung so unbedeutend und machtlos, dass sie uns einfach ignorieren kann. Damit sich dieser Zustand auch nicht ändert, werden wir hier weitestgehend von allen Dingen abgeschnitten, die es uns ermöglichen könnten, uns auszutauschen und vielleicht sogar zusammenzuschließen."

Kann das stimmen? Nervös kaute Leonie auf ihrer Unterlippe.

„Anders verhält es sich mit den Leuten, für die du deinen Livestream machst. Die große

Mehrheit. Die schweigende Mehrheit. Sie kann in die eine oder andere Richtung denken." Seine Hand beschrieb einen Bogen von links nach rechts. „Und diese Richtungen will die Regierung kontrollieren. Oder gar nicht erst Gedanken an eine bestimmte Richtung aufkommen lassen."

„Wie soll ich das verstehen?", fragte Leonie und nippte an ihrer Flasche.

„Ablenkung", sagte Bruno.

Leonie hob die Augenbrauen. „Verstehe ich nicht."

„Die Menschen werden abgelenkt. Damit sie gar nicht erst auf die Idee kommen, über wichtige Dinge nachzudenken. Über Probleme nachzudenken. Über Mitmenschen nachzudenken. Über das eigene Leben nachzudenken. Die eigene Rolle. Und wenn Probleme doch einmal eine Größe erreichen, die gefährlich werden könnte, werden Antworten geliefert. Wie bei der Demonstration heute."

„Puh", Leonie atmete aus, „interpretierst du da nicht ein bisschen viel rein?"

Bruno wollte gerade zu einer Antwort ansetzen, da sprach Leonie weiter: „Ich meine, ich streame mein Leben. Ich begehe keine Verbrechen. Ich sage den Leuten nicht, dass sie auf die Straße gehen und anderen Menschen wehtun sollen. Ich unterhalte die Leute. Ich sage ihnen nicht, dass andere Menschen schlechter sind als andere. Ich lüge ihnen nicht vorsätzlich etwas vor, dass wir hier im Schlaraffenland leben oder sowas. Ich erkläre ihnen auch nicht, wie sie der Regierung am besten gefallen können." Sie machte eine Pause und leerte die Flasche in einem Zug. „Ich teile lediglich mein Leben mit den Leuten, damit sie ein bisschen Spaß haben. Auch wenn vielleicht das ein oder andere vorher besprochen wird, was an diesem Tag passieren wird. Aber hey, ein ganz normales Leben ist schließlich auch nicht sonderlich aufregend. Ich erkläre ihnen wichtige Dinge in einfachen Worten, wie heute bei der Demonstration. Wo ist das Problem?"

Bruno nickte. „Genau das ist das Problem."

Leonie schüttelte den Kopf. „Nichts für ungut, aber ich verstehe nicht, was du von mir willst." Sie deutete auf die Theke. „Danke für das Essen und das Getränk, was kostet das?"

Bruno starrte auf den Tisch vor sich. Leonie wartete noch einen Moment und stand dann auf. *Was für ein komischer Typ.*

„Dann danke für die Einladung." Sie schüttelte den Kopf. „Wenn ich zumindest das richtig verstehe." Sie machte sich daran, ihre Jacke anzuziehen, und kramte in ihren Taschen. *Na ja, mit dem Geld werde ich zumindest mit einem Taxi nach Hause kommen.*

„Weißt du zufällig, wo ich zu dieser Uhrzeit am besten ein Taxi herbekomme?"

Bruno starrte immer noch vor sich. „Wenn du wissen willst, wie wichtig du bist, wie viel Einfluss du hast und wie viel du selbst bestimmen kannst in deinem Stream, dann sei doch einfach morgen nicht da, wenn der Stream beginnen soll. Schau, was passiert!"

Leonie runzelte die Stirn. „Ich habe gefragt, wo ich ein Taxi finde."

„Und ich dir gesagt, wie du Antworten findest." Nun richtete Bruno seinen Blick wieder auf sie. *Was ist das denn für ein Spinner? Ich will mit dem Taxi nach Hause fahren und nicht Programmplanung mit diesem Nudelfritzen machen.* Leonie schüttelte den Kopf und verließ wortlos Brunos Laden.

10 𝕒

+ + + News + + +
Regierung enteignet immer mehr Menschen,
um Platz für neue Bauprojekte
zu schaffen

Wutentbrannt stapfte Leonie die Straße hinunter. *Ich frage den Typen nach 'nem Taxi und der hält mir 'ne Predigt. Was ist das denn? Und dann auch noch so ein Scheiß. Ich soll morgen nicht auf Sendung gehen? Das ist noch nie passiert. Neulich war ich selbst mit Fieber vor der Kamera. Das fanden die Leute noch authentischer. Und warum sollte ich überhaupt so etwas machen? Mein Stream ist doch wirklich top. Will der mir erzählen, alles sei fake und ich wäre die Überbringerin irgendwelcher Regierungsbotschaften? Oder würde die Leute nur ablenken vor den wahren Problemen der Welt?* Sie marschierte die Straße entlang, die Kapuze über ihren Kopf gezogen. Der Regen war wieder stärker geworden und durchnässte ihre Kleidung. *Und hier sollen die Leute nichts haben? Kein Internet? Nichts? Das ist ja lächerlich … Alle*

haben ein Anrecht darauf. Die ganzen Regie-
rungsprogramme sollen alle nur zum Schein
existieren? So ein Schwachsinn.

Plötzlich stolperte sie und wäre beinahe
hingefallen. *Was war das denn jetzt?*

Leonie war noch immer außer sich. An der
Hauswand und einem Teil des Bürgersteigs
lag ein großer Haufen, über den sie beinahe
gestürzt wäre. Sie konnte nicht erkennen,
worum es sich handelte. Vorsichtig näherte
sie sich dem Haufen. Dann bewegte sich der
Haufen und ein Kopf tauchte auf.

Nun erkannte Leonie erst, dass es sich um
einen Schlafsack handelte. Erschrocken sprang
sie zurück. Die Person im Schlafsack drückte
sich zeitgleich verängstigt an die Hauswand.

„Was …?" Leonie setzte gerade zu einer Frage
an, da vernahm sie die Stimme der Person aus
dem Schlafsack. „Tu mir nichts!" Sie drückte
sich noch stärker an die Hauswand.

„Was soll ich?" Entgeistert schaute Leonie die
Person an, von der sie im ersten Moment noch
nicht einmal sagen konnte, ob es sich um einen
Mann oder eine Frau handelte. Die Person war
noch recht jung, hatte kurz geschorene Haare
und war total verdreckt.

„Wieso sollte ich dir etwas tun?", fragte Leonie.

Die Finger der Person krampften sich in den völlig durchnässten Schlafsack. Unsicher schaute sie Leonie an.

Leonie machte einen Schritt auf sie zu. Hektisch drehte die Person ihren Kopf von links nach rechts, offenbar auf der Suche nach einer Fluchtmöglichkeit.

Sofort machte Leonie einen Schritt zurück.

„Du brauchst keine Angst zu haben, ich will dir nichts tun, alles okay." Sie hob beschwichtigend die Hände.

Die Finger der Person auf dem Boden drückten sich nicht mehr ganz so heftig in den Schlafsack.

„Wie heißt du?", fragte Leonie vorsichtig. Die Person zögerte mit der Antwort, schaute vorsichtig noch einmal nach links und rechts. Dann sagte sie leise: „Mira."

„Was machst du hier, Mira?" Leonie betrachtete Mira. Auf ihrer Wange war eine große Schürfwunde. Die Wunde lief von der Seite ihrer Stirn über die Wange bis zum Kinn herunter. Blut hatte sich dort mit Dreck vermischt und sorgte für eine rot-schwarze Kruste auf ihrer Haut.

Mira sah Leonie verwundert an. „Schlafen natürlich."

„Hier? Draußen? Im Regen? Du bist doch kaum älter als ich."

„Wo soll ich denn sonst hin?"

Nun war es Leonie, die sie ungläubig anstarrte. „Zu deinen Eltern?"

„Die sind nicht mehr hier."

Leonie schüttelte den Kopf. „Ja, und wo sind sie? Und warum bist du nicht bei ihnen?"

Traurig blickte Mira auf ihren Schlafsack. „Wir haben unsere Wohnung verloren, weil unser Haus abgerissen wurde. Dort hinten." Sie zeigte auf das Einkaufszentrum. „Wir und viele andere auch. Die Regierung brauchte den Platz."

Leonie fröstelte, ließ sich aber angesichts des jämmerlichen Zustands, in dem Mira vor ihr saß, nichts anmerken. „Aber ihr werdet doch dafür sicherlich eine Alternative zugewiesen bekommen haben?"

Mira wischte sich mit dem Handrücken über die Nase. „Wie bitte?"

Was ist daran nicht zu verstehen?

Leonie legte die Stirn in Falten. „Also, wenn die Regierung euch euer Haus weggenommen hat, wurdet ihr doch sicherlich woanders untergebracht."

Mira schüttelte stumm den Kopf.

Skeptisch betrachtete Leonie Mira. „Und wo seid ihr dann hin?"

Wortlos nickte Mira Richtung Bordstein.

„Das ist doch Unsinn, was du mir jetzt erzählst", sagte Leonie verärgert. *Vielleicht gehe ich besser weiter. Ich will mir nicht schon wieder so einen Quatsch anhören. Sind denn alle verrückt hier?* Sie wandte sich zum Gehen. Dann hörte sie hinter sich die leise, aber nun feste Stimme Miras.

„Meine Eltern weigerten sich, ihr Haus zu verlassen. Wir wurden gewaltsam herausgeholt. Seitdem leben wir auf der Straße. Immer wieder beschwerten sich meine Eltern bei der Regierung. Zuletzt vor einer Woche. Sie wurden niedergeschlagen und abgeführt. Kurz bevor sie in den Wagen gesperrt wurden, hörte ich meine Mutter noch rufen: ‚Lauf!'"

Der Regen tropfte auf Leonie herab. Das Wasser fühlte sich auf einmal schwer auf ihren Schultern an. *Ich will ihr nicht mehr zuhören.*

„Und dann bin ich weggerannt."

Ohne noch ein weiteres Wort zu verlieren, setzte sich Leonie in Bewegung.

„Sie haben mich verfolgt."

Leonie setzte einen Fuß vor den anderen. Das Wasser lief an ihren Schuhen herab.

„Mit einem Gummigeschoss haben sie mich zu Fall gebracht."

Leonie lief nun schneller.

„Ich bin auf den Boden gestürzt."

Leonie wurde immer schneller.

„Seitlich aufs Gesicht."

Leonie rannte.

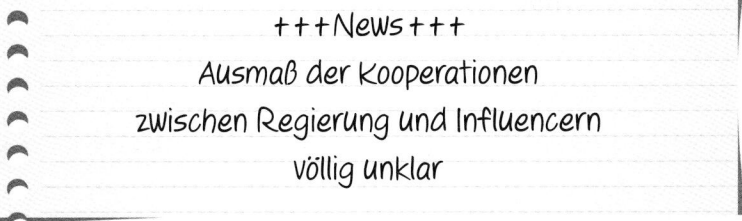

+++News+++
Ausmaß der Kooperationen
zwischen Regierung und Influencern
völlig unklar

Leonie blieb erst stehen, als sie nicht mehr konnte. Schwer atmend stützte sie sich auf ihre Knie. Der Regen prasselte noch immer auf sie ein. Doch sie spürte ihn gar nicht. Ihr Schweiß vermengte sich mit dem Regen und tropfte auf den Boden.

Sie holte noch ein paarmal tief Luft, dann richtete sie sich langsam auf. Erst jetzt bemerkte sie, wie weit sie gelaufen war. Sie befand sich ganz in der Nähe des Staatsplatzes, auf dem nur Stunden zuvor die Demonstration stattgefunden hatte.

Vorsichtig drehte sie sich um und sah noch einmal in die Richtung, aus der sie gekommen war. *Mira.*

Leonie versuchte, sich abzulenken, und sah sich um. Das Wachhäuschen mit den Soldaten war direkt vor ihr. Ein schwaches Licht leuchtete darin. Leonie sah einige Männer um einen Tisch sitzen. Sie spielten offenbar Karten.

Was für ein verdammt beschissener Tag, dachte Leonie. *Hatte ja eigentlich ganz gut angefangen. Aber dann das Gespräch mit den drei düsteren Gestalten im Medienzentrum. Jetzt treffe ich erst diesen Bruno-Vogel und dann diese Mira.*

Leonie schüttelte ihre durchnässten Ärmel. *Mira … okay, freiwillig wird sie sich nicht in den Regen gelegt haben. Und ich glaube, sie hatte wirklich Angst. Aber verdammt, das kann doch nicht sein. Uns geht es doch gut.* Sie schaute wieder auf das Wachhäuschen. *Und ich brauche jetzt ein Taxi. Da können mir die Soldaten doch sicherlich behilflich sein.*

Leonie lief auf das Wachhäuschen zu und wartete darauf, dass die Soldaten ihr wie am Nachmittag zuwinkten, doch niemand rührte sich. Sie klopfte an ein Fenster.

Einer der Soldaten sah auf und machte eine Handbewegung, dass sie verschwinden solle.

Ach, wie sollen sie mich mit meiner Kapuze auch erkennen?

Sie nahm die Kapuze ab und klopfte erneut. Nun wedelte der Soldat noch hektischer mit seiner Hand. Doch Leonie blieb stehen. Der Soldat wirkte verärgert, schmiss seine Karten auf den Tisch und sagte etwas zu den anderen Soldaten. Dann ging er zur Tür, öffnete sie einen Spalt breit und zischte: „Verschwinde!" Leonie schaute ihn erstaunt an. „Aber ich bin es, Leonie, G-Lee, die aus dem Stream." Sie wartete auf die Reaktion.

„Wir haben Feierabend und jetzt hau ab!", fauchte der Soldat und knallte die Tür zu. Leonie stand verdattert vor dem Häuschen. Sie machte einen Schritt zurück. Dann noch einen. Und noch einen. Schließlich drehte sie sich um und ging mit aufgerissenen Augen auf die Mitte des Platzes zu. Die Kapuze hatte sie nicht wieder aufgesetzt. Sie nahm den Regen nicht mehr wahr. Ihre Gedanken kreisten.

Kann das sein? Kann das wirklich sein? Haben die Soldaten ihre Freundlichkeit auch nur ge-spielt? Der Regen prasselte auf den Platz. *Ist*

*vielleicht wirklich alles nur inszeniert? Bin ich
eine Marionette? Nein, das kann nicht sein. Vor
der Kamera habe ich doch eigentlich immer das
getan, was ich wollte. Oder? Ich kann sagen,
was ich will, und tun, was ich will. Wie sollte
das verhindert werden?*

Als sie in der Mitte des Platzes angekommen
war, stoppte sie. Drehte sich im Kreis. Versuchte,
alles aufzunehmen und mit ihren Eindrücken
von vor wenigen Stunden abzugleichen.

*Es fühlt sich nicht nach nur wenigen Stunden
an. Sondern wie ein ganzes Leben.*

Da stand keine Bühne mehr.

*Wahrscheinlich haben sie sie in der Zwischen-
zeit abgebaut.*

Da standen keine bunten Blumen vor den
Regierungsgebäuden.

Die räumen sie abends bestimmt immer rein.

Da waren keine Cafés mehr, vor dem so viele
Leute gesessen und Kaffee getrunken hatten.

Die haben ja nachts geschlossen.

Die Tische und Stühle waren weg.

*Die Tische und Stühle haben sie bestimmt nach
drinnen geräumt.*

Auch die großen Schilder über den Eingängen
der Cafés waren nicht mehr zu sehen.

Aber haben sie auch etwas mit den Schildern gemacht?

Der Regen hatte Leonie völlig durchnässt. Triefend stand sie noch immer in der Mitte des Platzes. Die Fassaden wirkten dunkel und grau. Abstoßend und feindlich.

Moment mal, hatte ich vorhin in der Aufzeichnung nicht gesehen, dass es Glasfassaden waren? Wo ist das Glas?

Ungläubig starrte sie auf die umliegenden Wände. Ging wie in Trance auf die nächstgelegene Wand zu. Ganz langsam. Hörte nur das Rauschen des Regens. Legte ihre ausgestreckte Hand an die Wand. Spürte die Kälte. Den Stein. Nichts als Stein.

Sie sackte vor der Hauswand auf die Knie und stierte ins Nichts.

Es stimmt. Es stimmt wirklich. Nichts von dem ist echt. Nichts. Die Hauswände. Die Blumen. Die Demonstration. Das Regierungsprogramm für die Obdachlosen. Der Bus. Das Spiel. Meine Fähigkeiten. Meine Welt. Ich.

Weinend kniete sie vor dem Gebäude, die Hand noch immer an der Wand.

11 🔊

+ + + News + + +

Video- und Bildmanipulation der Regierung
wird immer effektiver +++ Auch Live-Streams
werden immer häufiger manipuliert

Der Regen hatte nachgelassen. Leonie lehnte mit dem Rücken an der Hauswand und schaute auf den menschenleeren Platz, der nur von wenigen Lichtern beleuchtet wurde. Der Rest lag in Dunkelheit.

Sie hatte lange geweint. Nun konnte sie nicht mehr. *Was mache ich jetzt? Haben sie mich wirklich die ganze Zeit nur benutzt und war alles von ihnen gesteuert? Aber ich habe doch freiwillig angefangen, zu streamen. Niemand hat mich gezwungen. Ich habe anfangs ohne irgendeinen Einfluss gesagt und getan, was ich wollte.*

Sie starrte auf das gegenüberliegende Gebäude, an dem ein riesiger Bildschirm angebracht war. Während der Demonstration war er ihr nicht weiter aufgefallen. Leblos hing er an der Wand.

Sie schüttelte den Kopf. *Wann war das erste Mal, dass jemand auf mich zugekommen ist wegen meines Streams? Auf jeden Fall hatte ich zu dieser Zeit schon viele Fans.* Leonie dachte angestrengt nach.

Stimmt, die Klamotten. Ich habe kostenlose Kleidung bekommen und durfte mir bald noch andere Sachen aussuchen. Ja, so hat es angefangen. Und dann kam immer mehr. Und irgendwann sollte ich dieses Spiel spielen. Oder nur so tun, als würde ich es spielen. Ab diesem Zeitpunkt haben sich meine Fans in kürzester Zeit verdoppelt. Und dann noch mal verdoppelt. Und noch mal. Und immer waren es diese Leute der Regierung, die mir neue Kooperationen besorgten. Eigentlich haben sie dafür ja nie viel gewollt. Hier ein Gespräch. Dort ein Besuch von einem Event. Nie etwas Großes. Hätten Sie mir gesagt, ich solle für dies oder jenes werben oder irgendeine Botschaft verkünden, das hätte ich nicht gemacht. Ich sollte es ja auch nie machen.

Ihr Kopf sank nach unten. *Ich habe es aber trotzdem gemacht. Die ganze Zeit. Ohne es zu merken. Ohne auch nur das Geringste zu verstehen.*

Sie sah wieder auf.

Aber jetzt weiß ich es. Und jetzt muss ich etwas tun. Kann ich überhaupt etwas tun? Vor der

Kamera etwas sagen, das ihnen nicht gefällt? Momentan wissen sie ja noch nicht einmal, dass ich überhaupt darüber nachdenke, etwas zu tun. Aber wenn sie wirklich einfach meine Übertragung abbrechen? Das könnten sie tun. Vielleicht sollte ich wirklich einfach nicht erscheinen morgen. Einfach nicht da sein. Dann müssen sie etwas erklären. Und Fragen beantworten. Viele Fragen. Millionen Fragen. Und ich werde die Antworten liefern. Auf einem anderen Kanal. Ohne ihre Technik. Ich werde alles zugeben. Alles aufdecken, was ich bislang verschwiegen habe. Alles, was ich heute erfahren habe.

Sie atmete tief aus. *Dann ist meine Karriere als Streamerin vorbei. Aber vielleicht verzeihen mir meine Fans ja, wenn ich schonungslos offen und ehrlich bin. Das werden sie bestimmt. Und wenn ich danach weitermache, werde ich zwar deutlich weniger Fans haben, aber die, die bleiben, meinen es dafür umso ernster.* Sie ballte ihre Hände zu Fäusten. *Und ich werde ihnen nie wieder etwas vormachen.*

Wieder schaute sie auf die gegenüberliegende Häuserfront, an der der riesige Bildschirm angebracht war, den man von jedem Ort des Platzes aus gut sehen konnte.

Ich werde nicht da sein. Das ist es. Wenn meine Übertragung starten soll, werde ich nicht da sein. Und dann werde ich ihnen alles erklären. Müssen. Danach werde ich nach Hause gehen. Ohne Drohne. Ohne Publikum. Ohne mich zu verstellen.

Der Regen hatte aufgehört. Leonie saß noch immer an die Wand des Hauses gelehnt, starrte den riesigen Bildschirm an. Drohend hing er da. *Normalerweise schauen die Menschen auf den Bildschirm. Mir kommt es so vor, als würde der Bildschirm mich beobachten. Die Menschen auf diesem Platz. Die Menschen, die im Moment gar nicht hier sind.*

Unwillkürlich musste Leonie lachen. *Die wahrscheinlich bekannteste Person des Landes sitzt alleine auf einem Platz.*

Sie lachte und lachte. Bis ihr die Tränen kamen. Tränen der Freude. Tränen der Trauer.

Dann schlief sie ein.

12 🔊

+++News+++
Bekannte Influencerin ‚G'
scheint tatsächlich
für die Regierung zu arbeiten

Als sie wieder aufwachte, dämmerte es bereits. Leonie streckte und schüttelte sich. Die Kälte der Nacht hing noch in ihren Gliedern. Sie befühlte ihre Kleidung. *Noch immer feucht. Ich muss unbedingt etwas anderes anziehen.* Sie schaute sich um und sah die ersten Menschen über den Platz gehen.

Meine Übertragung sollte um neun Uhr beginnen, viel Zeit bleibt dann ja wahrscheinlich nicht mehr.

Unterbewusst suchte sie den Himmel nach einer Bewegung ab. Doch die Drohne war nirgends zu sehen. Leonie lächelte.

Dann mal sehen, wie ihr ohne mich auskommt.

Sie beobachtete das immer regere Treiben auf dem Platz. Die grauen Betonblöcke der Regierungsgebäude gingen beinahe nahtlos in die dunkle Wolkendecke über.

Immerhin regnet es nicht mehr. Ob Mira so wohl jede Nacht verbringen muss wie ich diese eine Nacht?

Der Platz füllte sich. Immer mehr Menschen liefen zielstrebig in eines der grauen Gebäude. *Wie sie mich ansehen. Mitleidig. Von oben herab. Mit Abscheu. Wenn sie wüssten, wer ich sonst bin … Aber … genau das bin ich ja gar nicht. Nicht mehr. Nie gewesen? Oder bislang gewesen?*

Nach einer Weile erhob sich Leonie langsam. Sie streckte sich noch einmal.

Mittlerweile waren so viele Menschen auf dem Platz, dass sie kaum noch beachtet wurde. *Krass, mittlerweile sind die Wolken so finster, dass man meinen könnte, es sei wieder Nacht,* dachte Leonie.

Dann sprang der riesige Bildschirm an der Hauswand gegenüber an. Das helle Licht blendete Leonie. Es dauerte einige Sekunden, ehe sich ihre Augen daran gewöhnt hatten. Gebannt starrte sie auf den Bildschirm. Nach einem Moment der Schwärze hörte sie das vertraute Geräusch: der Trailer zu ihrem Livestream.

Ihr Herz raste.

Jetzt müssen sie eigentlich eine Durchsage machen, dass meine Show leider ausfallen muss.

Die letzten Sekunden des Trailers verstrichen und Leonie hielt den Atem an.

Was kommt jetzt?

Und auf dem Bildschirm erschien der See. In bedächtiger Stille lag er da. Strahlende Sonne. Glitzerndes Wasser.

Leonies Herz klopfte. *Das kann nicht sein. Das darf nicht sein.*

Dann wurde das Wasser des Sees durchbrochen. Leonie stieg langsam aus dem blauen Wasser. Sie nahm sich Zeit für jede einzelne Stufe der Treppe, die aus dem Wasser führte. Das Wasser lief ihren durchtrainierten Körper herunter. Oben angekommen, schüttelte sie ihre nassen, blonden Haare, strich sie mit beiden Händen zurück und lächelte: „Hey Leute! Was sollen wir heute Cooles erleben? Wer begleitet mich heute durch mein wunderschönes Leben?"